W0226231

STARK

TRAINING LATEIN

Maria Krichbaumer

Übersetzung im 2. Lektürejahr

Cicero • Plinius • Ovid

Aufgaben mit Lösungen

STARK

Bildnachweis
Umschlagbild: Verlag
S. 3: bpk/Alfredo Dagli Orti
S. 5, 8, 34, 36, 66: © visipix.com
S. 6: © Wolfgang Sauber, http://upload.wikimedia.org/wikipedia/commons/5/59/Como_-_Dom_-_Fassade_-_Plinius_der_Jüngere.jpg, lizensiert unter den Bedingungen der GNU-Lizenz für freie Dokumentation, Version 1.2 oder einer späteren Version
S. 7: bpk/Scala
S. 10, 21: Numismatische Bilddatenbank Eichstätt
S. 15: picture-alliance/akg-images/Alinari
S. 17: ullstein bild – Granger Collection
S. 29: © absfred/www.fotolia.de
S. 48: ullstein bild – AISA
S. 52: picture-alliance/akg-images/John Hios
S. 56: Foto: Andreas Praefcke. Mannheim, Reiss-Engelhorn-Museen
S. 57: Bildarchiv Steffens/H. Stierlin
S. 63: Bildarchiv Steffens/L. von Matt
S. 71: © Kurt Wichmann, http://commons.wikimedia.org/wiki/File:Constanza-_Denkmal_des_Ovid.JPG, lizensiert unter der Creative Commons Attribution 3.0 Unported license
S. 76: Bildarchiv Steffens/W. Zimmermann
S. 78: Bildarchiv Steffens
S. 85: © Peter Frauhammer/www.fotolia.de

ISBN 978-3-86668-177-4

www.stark-verlag.de
1. Auflage 2010

Inhalt

Fortsetzung siehe nächste Seite

Autorin: Maria Krichbaumer

Vorwort

Liebe Schülerin, lieber Schüler,

der Band „Übersetzung im 2. Lektürejahr“ hilft Ihnen gezielt bei der Wiederholung **zentraler Elemente der lateinischen Grammatik**, die bei **Cicero** und **Plinius** häufiger auftauchen. Dabei werden die wichtigsten Aspekte zusammengefasst und anhand von **Originalsätzen** des jeweiligen Autors trainiert.
Grundlegende Tipps erleichtern Ihnen das **Strukturieren umfangreicher Satzperioden** sowie den bisher oft ungewohnten Umgang mit dem lateinisch-deutschen **Wörterbuch**.
Daran schließt sich eine Reihe von **Originaltexten** zu den genannten Autoren an; die sich im Schwierigkeitsgrad und in der Länge steigern.
Bei der **Ovid**-Lektüre ergeben sich Schwierigkeiten häufig durch die „Sperrung“ aufeinander bezogener Wörter **(Hyperbata)**, weniger aufgrund bestimmter grammatikalischer Strukturen. Auch die **Besonderheiten des dichterischen Wortschatzes** bedürfen der Gewöhnung. Darum bietet Ihnen der Band spezielle Übungen gerade hierzu.
Zu allen Übungen und Übersetzungstexten finden Sie **Lösungsvorschläge** am Ende des Bandes. Grundsätzlich sind die Übersetzungen so wörtlich wie möglich gehalten; wo es sinnvoll erschien, ist aber zusätzlich eine freiere Variante angeboten.
Wenn Sie nach unter Prüfungsbedingungen geltenden Zeitvorgaben übersetzen, sollten Sie, um die verfügbare Minutenzahl zu errechnen, die Wörterzahl des jeweiligen Textes durch zwei dividieren, d. h. Ihnen stehen 50 Minuten zur Verfügung, wenn der Text 100 Wörter umfasst. Natürlich arbeiten Sie anfangs lieber gründlich als genau nach Zeitvorgabe. Doch wenn die Klassenarbeit bevorsteht, sollten Sie auch die Zeit berücksichtigen, damit Ihnen der plötzliche Zeitdruck nicht Probleme bereitet.

Viel Erfolg bei der Vorbereitung und Ihren Prüfungen!

Maria Krichbaumer

Maria Krichbaumer

1 AcI und NcI

Im *accusativus cum infinitivo* (AcI) bzw. *nominativus cum infinitivo* (NcI) stehen meist Aussagen und Wahrnehmungen nach *verba dicendi* und *sentiendi*, wobei das übergeordnete Verb beim AcI aktivisch, beim NcI passivisch ist.

Wie geht man beim Übersetzen von AcI- / NcI-Konstruktionen vor?

1. Schritt

Machen Sie sich (anhand des Genus verbi des einleitenden Verbums) klar, ob AcI oder NcI vorliegt.

2. Schritt

Achten Sie besonders auf das zeitliche Verhältnis zwischen dem Verbum, von dem der AcI/ NcI abhängt und der AcI/NcI-Handlung: Ist Letztere (in Relation zum einleitenden Verbum) **gleichzeitig** (Inf. Präs.), **vorzeitig** (Inf. Perfekt) oder **nachzeitig** (Inf. Futur)?

3. Schritt

- Übersetzen Sie mindestes den **AcI** zunächst wörtlich mit einem „dass-Satz" („Sie sahen, dass er kam."); ggf. können Sie dann freier werden („Sie sahen ihn kommen.")
- Den **NcI** können Sie bei bestimmten Verben sofort freier übersetzen („Er soll siebzig Jahre alt geworden sein.").

Beachten Sie: Das Hilfsverb *esse* kann im AcI und NcI oft entfallen.

Verben und Wendungen, denen der AcI folgt

Verba dicendi:

dicere	sagen	*docere*	(davon) unterrichten
contendere	*hier:* behaupten	*iubere*	befehlen
nuntiare	melden		

Verba sentiendi:

animadvertere	wahrnehmen, (be)merken	*existimare*	glauben, meinen
arbitrari	glauben, meinen	*intellegere*	einsehen, erkennen
audire	hören	*iudicare*	meinen
cognoscere	erkennen, erfahren	*putare*	glauben, meinen
comperire	erfahren, ermitteln	*reri* (meist im Perf.)	glauben, meinen
scire	wissen	*ratus* (PPP von *reri*)	in der Meinung
credere	glauben	*videre*	sehen

Verba affectus:

dolere	Schmerz empfinden	*mirari*	sich wundern
gaudere/laetari	sich freuen	*queri*	klagen, sich beklagen

Verba impersonalia:

constat	es steht fest; ist bekannt	*apparet*	es ist klar; es zeigt sich
opportet	es gehört sich, man muss	*necesse est*	es ist notwendig

Weitere Verben:

velle	wollen
nolle	nicht wollen
malle	lieber wollen

Verben und Wendungen, denen der NcI folgt

Der NcI steht vorzugsweise nach folgenden Verba dicendi und sentiendi:

traditur / fertur	es wird (man) überliefert, dass er / sie / es …
traduntur / feruntur	es wird (man) überliefert, dass sie (Pl.) …
dicitur	man sagt, dass er / sie / es …; er / sie / es soll …
dicuntur	man sagt, dass sie (Pl.) …; sie sollen …
putatur / existimatur	man glaubt von ihm / ihr, dass er / sie / es …
putantur / existimantur	man glaubt von ihnen, dass sie (Pl.) …
videtur	er / sie / es scheint …
videntur	sie scheinen …

Häufig folgt der NcI auch auf Passivformen von folgenden Verben der Willensäußerung:

*vetor**	man verbietet mir / mir wird verboten, … zu (tun) / dass ich …; ich darf nicht …
*iubeor**	man befiehlt mir, … zu (tun) / dass ich …; mir wird befohlen, … zu (tun) / dass ich …; ich muss / soll …
*cogor**	man zwingt mich, … zu (tun) / dass ich …; ich muss …

* Hier ist als Beispiel immer 1. Pers. Sg. gewählt. Natürlich sind auch alle anderen Personen möglich.

In den folgenden Übungen können Sie den Umgang mit dem AcI und dem NcI an Originalstellen von Cicero und Plinius gründlich trainieren. Es handelt sich zum Teil noch nicht um ganze Sätze, sondern nur um einzelne Wendungen oder um Ausschnitte aus längeren Satzperioden.

1.1 Der AcI bei Cicero

Übung 1 Unterstreichen Sie in jedem Satz das Verb, das den AcI einleitet, doppelt. Markieren Sie den Akkusativ und unterstreichen Sie (einfach) den Infinitiv des AcI (auch Prädikatsnomina). Übersetzen Sie dann.

Marmorbüste von Marcus Tullius Cicero (106–43 v. Chr.). Rom, Kapitolinische Museen

a) Ecquam putatis civitatem pacatam fuisse?
ecquam: etwa
pacare: befrieden

b) In te satis esse animi perseverantiaeque arbitror.
perseverantia, -ae: Ausdauer, Beharrlichkeit

c) Quonam igitur pacto probari potest insidias Miloni fecisse Clodium?
quo-nam: beachten Sie die Wortbestandteile
quo pacto = quo modo
Milo, -onis: Titus Annius Milo, röm. Politiker, Anhänger des Pompeius und Gegner des Publius Clodius Pulcher
Clodius, -i: Publius Clodius Pulcher, Politiker aufseiten der Popularen, im Rahmen der Kämpfe mit Milo 52 v. Chr. erschlagen

d) Hoc me profiteor suscepisse magnum fortasse onus.

e) Intellexi vehementer populum Romanum commoveri.

f) Quorum ego auctoritatem apud vos plurimum valuisse et valere oportere confiteor.

g) Unum illud intellego ea spe istum fuisse praeditum.
praeditus, -a, -um: versehen, begabt (mit)

h) Numquam existimavi spem ullam esse habituros Milonis inimicos.

i) Nec eorum quisquam non de se, de liberis suis, de patria, de fortunis hodierno die decertari putat.
fortunae, -arum: Güter, Vermögen
hodiernus, -a, -um: Adj. zu *hodie*
decertare: hier: entscheiden

j) Meam vocem et auctoritatem et vobis et rei publicae conservatam ac restitutam puto.

k) Quo tandem animo hoc tyrannum illum tulisse creditis?

l) Nam hoc Verrem dicere aiebant te non fato, ut ceteros ex vestra familia, sed opera sua consulem factum.
Verres, -is: Gaius Verres, röm. Politiker, Statthalter auf Sizilien, von Cicero wegen Ausbeutung der Provinz angeklagt

m) Quantum luctum in hac urbe fuisse a nostris patribus accepimus, cum P. Africano domi suae quiescenti illa nocturna vis esset inlata?
luctus, -us, m.: Trauer
P. Africanus, -i: Publius Cornelius Scipio Africanus, röm. Staatsmann, Feldherr im 2. Punischen Krieg

n) Quicquid in hac causa mihi susceptum est, Quirites, id ego omne me rei publicae causa suscepisse confirmo.

o) Nemo quemquam tam audacem, tam amentem, tam impudentem fore arbitrabatur.
amens, amentis: wahnsinnig, verrückt
impudens, -ntis: unverschämt, schamlos

p) Patior, iudices, et non moleste fero me laboris mei, vos virtutis vestrae fructum esse laturos.
moleste: hier: ungern

q) Quod enim fanum putatis in illis terris nostris magistratibus religiosum, quam civitatem sanctam, quam domum satis clausam ac munitam fuisse?

r) Neminem vestrum ignorare arbitror, iudices, hunc per hosce dies sermonem vulgi atque hanc opinionem populi Romani fuisse C. Verrem altera actione responsurum non esse neque ad iudicium adfuturum.
hosce = hos
actio, -onis, f.: hier: (Gerichts-)Verhandlung
respondēre: hier: sich verantworten

s) In animis ego vestris omnes triumphos meos, omnia ornamenta honoris, monumenta gloriae, laudis insignia condi et collocari volo.

t) Rem publicam, Quirites, vitamque omnium vestrum, bona, fortunas, coniuges liberosque vestros pulcherrimamque urbem deorum inmortalium summo erga vos amore, laboribus, consiliis, periculis meis e flamma atque ferro ac paene ex faucibus fati ereptam et vobis conservatam ac restitutam videtis.
fortunae, -arum: vgl. Übung 1 i

1.2 Der NcI bei Cicero

Übung 2 Unterstreichen Sie in jedem Satz das Verb, das den NcI einleitet, doppelt. Markieren Sie den Nominativ und unterstreichen Sie (einfach) den Infinitiv des NcI. Übersetzen Sie dann.

Medea (1862). Ölgemälde von Eugène F. V. Delacroix (1798–1863). Lille, Musée des Beaux-Arts

a) Ex eodem Ponto Medea illa quondam profugisse dicitur.
Pontus, -i: Landschaft an der Südküste des Schwarzen Meeres
Medea, -ae: Frauengestalt der antiken Mythologie, aus Pontus stammende Zauberin

b) Neque enim illae sunt solae virtutes imperatoriae, quae volgo existimantur.
imperatorius, -a, -um: Feldherrn-…
volgo = vulgo: allgemein, gemeinhin

c) Reliquum est, ut de Q. Catuli auctoritate et sententia dicendum esse videatur.
Q. Lutatius Catulus: römischer Politiker in der ersten Hälfte des letzten vorchristlichen Jahrhunderts

d) Sed ut praeterita meminisse, reliqua sperare videamur.

e) Quae civitas antea umquam fuit, – non dico Atheniensium, quae satis late quondam mare tenuisse dicitur?

f) Nulla in iudiciis severitas, nulla religio, nulla denique iam existimantur esse iudicia.
severitas, -atis, f.: Strenge

g) Neque enim mirum, cum eodem tempore et ea, quae praeterita sunt, reparet et ea, quae videntur instare, praeparet.
re-parare: wieder herstellen; Subjekt ist ein „er“
prae-parare: vorbereiten; Subjekt ist derselbe „er“

h) Numquam tamen tantum periculum mihi adire visus sum.

i) … ut initia illa rerum gestarum magna atque praeclara non felicitati eius, sed virtuti, haec autem extrema, quae nuper acciderunt, non culpae, sed fortunae tribuenda esse videantur.
felicitas, -atis, f.: Glück
extrema, -orum: hier: jüngste Ereignisse

j) In quo maxime elaborandum est, ne forte ea vobis, quae diligentissime providenda sunt, contemnenda esse videantur.
elaborare (in aliqua re): sich (auf einem Gebiet, um eine Sache) bemühen, sich anstrengen

1.3 Der AcI bei Plinius

Übung 3

Statue von Plinius dem Jüngeren an der Fassade des Doms Santa Maria Maggiore in Como.

Unterstreichen Sie in jedem Satz das Verb, das den AcI einleitet, doppelt. Markieren Sie den Akkusativ und unterstreichen Sie (einfach) den Infinitiv des AcI. Übersetzen Sie dann.

a) Ex his apparet illum permulta dixisse.
per- …: sehr …

b) Dicit se velle ducere uxorem.

c) Haec me Regulus dolenter tulisse credebat.
Regulus, -i: M. Aquilius Regulus, hatte in der Zeit von Nero bis Domitian das Amt des Anklägers inne, besonders in Majestätspozessen
dolenter: schmerzlich
dolenter ferre aliquid: etw. übelnehmen

d) Dices te non posse satis diligenter id facere.

e) Scito eum pessime dicere, qui laudabitur maxime.

f) Ita senescere oportet virum, qui magistratus amplissimos gesserit, exercitus rexerit.
senescere (senesco, senui, –): alt werden

g) Vide hominis crudelitatem, qui se non dissimulet exsuli nocere voluisse.
exsul, -ulis, m.: Verbannter

h) Ita certe ex Quintiliano praeceptore meo audisse me memini.
Quintilianus, -i: Quintilian, berühmter Rhetoriklehrer und Verfasser der *Institutio oratoria*

i) Non dubito maximo tibi gaudio fore, cum cognoveris (eam) dignam patre, dignam te, dignam avo evadere.
evadere (evado, evasi, evasurus): hier wie *fieri*

j) Scio nonnullis ita videri.

k) Nec me praeterit summum oratorem Periclen sic a comico Eupolide laudari.
Pericles, -is: Perikles, berühmter athenischer Staatsmann (ca. 490–429 v. Chr.)
comicus, -i: Komödiendichter
Eupolis, -idis: Eupolis, Komödiendichter zur Zeit des Perikles

l) Numquamne legisti Gaditanum quendam Titi Livi nomine gloriaque commotum ad visendum eum ab ultimo terrarum orbe venisse statimque ut viderat abisse?
Gaditanus, -i: ein Gaditaner (Einwohner von Gades; heute Cadiz, eine phönizische Stadt)
Titus Livius, -i: röm. Geschichtsschreiber (ca. 59 v. Chr.–17 n. Chr.)

1.4 Der NcI bei Plinius

Übung 4 Unterstreichen Sie in jedem Satz das Verb, das den NcI einleitet, doppelt. Markieren Sie den Nominativ und unterstreichen Sie (einfach) den Infinitiv des NcI. Übersetzen Sie dann.

a) Ante omnia, si festinare videor, ignosce.
festinare: eilen, sich beeilen

b) Alius excessisse materiam, alius dicitur non implesse.
excedere: hier mit Akk.
materia, -ae: Materie, Thema

c) Qui cum legisset Rhodiis orationem Demosthenis admirantibus cunctis, adiecisse fertur: …
Rhodii, -orum: die Rhodier, Bewohner der Insel Rhodos
Demosthenes, -is: athenischer Redner (4. Jh. v. Chr.)

Demosthenes. Rom, Vatikanische Museen

d) Eo magis, quod nihil ante eodem zelo scripsisse videor.
zelum, -i, n.: Eifer

e) Vereor, ne decepisse Caesarem videar.
Caesar, -ris, m.: hier: Kaiser

f) Quod esse necessarium dicitur.

g) Ne forte non aliorum utilitatibus, sed propriae laudi servisse videamur.
utilitas, -atis, f.: Nutzen

h) In iis, quos accersita mors aufert, hic insanabilis dolor est, quod creduntur potuisse diu vivere.
accersitus, -a, -um: (selbst) gesucht, erzwungen
insanabilis, -e: unheilbar

i) Ii vero, qui benefacta sua verbis adornant, non ideo praedicare, quia fecerint, sed ut praedicarent fecisse creduntur.
adornare = ornare
bene-factum, -i: aus den Wortbestandteilen zu erschließen

j) Recitabatur autem apud me edictum, quod dicebatur (erg. esse) divi Augusti.
edictum, -i: Verordnung, Verfügung, Edikt

Augustus. Detailaufnahme der Panzerstatue von Prima Porta.

2 Partizipialkonstruktionen

2.1 Das Participium coniunctum bei Cicero und Plinius

Als Participium coniunctum bezeichnet man ein Partizip, das Attribut zu einem Nomen des Satzes ist, in dem es steht.

Wie geht man beim Übersetzen eines Participium coniunctum vor?

1. Schritt

Suchen Sie in jedem Text bewusst nach Partizipien.

- Markieren Sie jedes vorkommende **Partizip** und sein **Bezugswort** (erkennbar anhand der KNG-Kongruenz).
- Markieren Sie – beispielsweise mit einem dunkelgrauen Stift – alle Wörter, die zusätzlich zum **Partizipialausdruck** gehören. Dies sind in der Regel die Wörter zwischen dem Partizip und seinem Bezugswort (geschlossene Wortstellung).

2. Schritt

Bestimmen Sie, um welches Partizip es sich handelt (PPA, PPP oder PFA).

3. Schritt

Übersetzen Sie dann die Partizipialkonstruktion ins Deutsche:

- Achten Sie dabei genau auf das **Zeitverhältnis:** Ist die Partiziphandlung gleichzeitig (PPA), vorzeitig (PPP) oder nachzeitig (PFA)? Beachten Sie, dass auch die Deponentien ein PPA bilden können.
- Überlegen Sie, welche **Sinnrichtung** die richtige ist:
  temporal (während; als/nachdem; nach), kausal (weil; wegen), konzessiv (obwohl; trotz), adversativ (während) oder modal (dadurch, dass; indem; wobei; durch). Das PFA ist meist mit finaler Sinnrichtung zu übersetzen (um … zu), gelegentlich auch: „weil … will/wollte“.
- Denken Sie daran, dass Sie bei der Übersetzung im Satzbau verschiedene Möglichkeiten haben: wörtliche Übersetzung, **Relativsatz**, **mit einer Subjunktion eingeleiteter Nebensatz**, **Präpositionalausdruck** oder **Beiordnung** (und dann, und deshalb, und dennoch, …).
- Beachten Sie, dass das PPP eines Deponens häufig präsentische Bedeutung haben kann.

Das Participium coniunctum bei Cicero

Übung 5 Markieren Sie jeweils das Partizip und sein Bezugswort. Übersetzen Sie dann.

a) Malleolus a me productus est et mater eius atque avia, quae miserae flentes eversum a te puerum patriis bonis esse dixerunt.
Malleolus, -i: Eigenname (eines Quästors)
avia, -ae: Großmutter

b) Reus in iudicium adductus est C. Verres, homo vita atque factis omnium iam opinione damnatus, pecuniae magnitudine sua spe absolutus.
C. Verres: vgl. Übung 1 l

c) Italia ab hoc auxilium absente expetivit.
expetere = petere

d) P. Servilius, vir clarissimus maximis rebus gestis, adest de te sententiam laturus.
P. Servilius: P. Servilius Vatia Isauricus, Konsul des Jahres 79 v. Chr.
sententiam ferre: (seine) Stimme abgeben

e) Effugiemus hominem nimium servientem populi existimationi.
servire: dienen, sich richten nach, sich beherrschen lassen
existimatio, -onis, f.: Meinung

f) Humanitate tanta est, ut difficile dictu sit, utrum hostes magis virtutem eius pugnantes timuerint an mansuetudinem victi dilexerint.
Subjekt ist ein „er", genauer: *Gnaeus Pompeius Magnus*, einer der größten Feldherrn Roms, 106–48 v. Chr., Gegner Caesars im Bürgerkrieg
difficile dictu: schwer zu sagen
mansuetudo, -inis, f.: Milde

g) Illa nimis antiqua praetereo, quod C. Servilius Ahala Sp. Maelium novis rebus studentem manu sua occidit.
Ereignis aus der römischen Frühzeit: C. Servilius Ahala, *magister equitum* des Diktators Cincinnatus, tötete Sp. Maelius, einen reichen Plebejer, der das Konsulat, vielleicht auch die Königswürde anstrebte.

C. Servilius Ahala. Römischer Denar aus dem Jahre 54 v. Chr.

h) Mithridates fugiens maximam vim auri atque argenti pulcherrimarumque rerum omnium, quas et a maioribus acceperat et ipse bello superiore ex tota Asia direptas in suum regnum congesserat, in Ponto omnem reliquit.
Mithridates, -is: König von Pontus, 63 v. Chr. von Pompeius besiegt
diripere (-ripio, -ripui, -reptum): rauben, plündern
congerere (-gero,-gessi, -gestum): zusammentragen
Pontus, -i: vgl. Übung 2 a

i) Quo mihi etiam indignius videtur obtrectatum esse adhuc, ne legaretur A. Gabinius Cn. Pompeio expetenti ac postulanti.
in-dignus, -a, -um: beachten Sie die Wortbestandteile
obtrectare: entgegenarbeiten, bekämpfen
legare: zum Legaten machen
expetere: zu übersetzen wie *petere*
A. Gabinius, -i: röm. Politiker und General, Anhänger des Pompeius
Pompeius, -i: vgl. Übung 5 f

j) Catilinam orbem terrae caede atque incendiis vastare cupientem nos consules perferemus?
Catilina, -ae: Lucius Sergius Catilina, verarmter Adeliger, der nach erfolglosen Versuchen, Konsul zu werden, 63 v. Chr. eine Verschwörung anzettelte, um an die Macht zu gelangen

k) Eosdem facile adducam, ut te haec, quae vastare iam pridem studes, relinquentem usque ad portas prosequantur.
pridem: seit Langem, lange
prosequi (-sequor, -secutus sum): begleiten

l) Si propter socios nulla ipsi iniuria lacessiti maiores nostri bella gesserunt, quanto vos studio convenit iniuriis provocatos sociorum salutem una cum imperi vestri dignitate defendere?
iniuria, -ae: hier: Rechtsbruch
lacessere (lacesso, lacessivi, lacessitum): reizen, herausfordern
convenit: es gehört sich, man muss
provocare: hier: reizen, herausfordern

m) Ea Sex. Roscium inopem, eiectum domo atque expulsum ex suis bonis, fugientem latronum tela et minas recepit domum hospitique oppresso iam desperatoque ab omnibus opitulata est.
Sex. Roscius, -ii: vgl. die Einleitung zum Cicero-Übersetzungstext 3, S. 48 f.
inops, -opis: Adj. zu *inopia*
latro, -onis, m.: Räuber
minae, -arum: Drohungen
desperatus, -a, -um: hier: aufgegeben
opitulari, opitulor: helfen

n) Tandem aliquando, Quirites, L. Catilinam furentem audacia, scelus anhelantem, pestem patriae nefarie molientem, vobis atque huic urbi ferro flammaque minitantem ex urbe vel eiecimus vel emisimus vel ipsum egredientem verbis prosecuti sumus.
L. Catilina: vgl. Übung 5 j
furere (furo, –, –): rasen, toben
anhelare: aushauchen, -schnauben
moliri (molior, molitus sum): in Bewegung setzen, beabsichtigen, planen
minitari = *minari*
e-mittere: beachten Sie die Wortbestandteile
prosequi: vgl. Übung 5 k

o) Cum autem me ex Sicilia ad Leucopetram venti detulissent, ab eo loco conscendi, ut transmitterem, nec multum provectus reiectus austro sum in eum ipsum locum, unde conscenderam.
Leucopetra, -ae: Name eines Vorgebirges an der Südspitze von Kalabrien
deferre: hier: verschlagen
conscendere, ab (+ Abl.), *ut transmitterem* (Konj.): sich in … für die Überfahrt einschiffen
provehi, provehor, provectus sum: hier: fortfahren
re-icere: beachten Sie die Wortbestandteile
auster, -tri, m.: Südwind

Das Participium coniunctum bei Plinius

Übung 6 Markieren Sie jeweils das Partizip und sein Bezugswort. Übersetzen Sie dann.

a) Mox ingravescit, clamat moriens …
ingravescere (-gravesco, –, –): kränker werden (Subjekt ist hier eine „sie")

b) Interrogati a Nepote praetore, quem docuissent, responderunt …
Nepos, -otis: männl. Eigenname (eines damaligen Prätors)

c) Macro legem intuenti consentaneum fuit damnare eum, qui contra legem munera acceperat.
Macer, -cri: Baebius Macer (Freund des Plinius; designierter Konsul)
intueri (intueor, intuitus sum): hier: im Auge haben, erwägen
consentaneus, -a, -um: folgerichtig, entsprechend

d) Me recordantem fragilitatis humanae miseratio subit.
fragilitas, -atis, f.: Hinfälligkeit
miseratio, -onis, f.: Bedauern, Mitgefühl
subire (-eo, -ii, -itum): hier: beschleichen, befallen

e) Ais te adductum litteris, quas exigenti tibi de morte avunculi mei scripsi, cupere cognoscere …

f) Dixi proxime pro Vareno postulante, ut sibi evocare testes liceret.
proxime: kürzlich
Varenus, -i: Varenus Rufus war – wohl 105/106 – Statthalter von Bithynien (heute in der nördl. Türkei) und wurde von Plinius im anschließenden Repetundenprozess verteidigt
evocare: hier: vorladen, aufrufen

g) Et vocibus excitatus et recreatus loci frigore vivere se confitetur.
confiteri = hier: zu erkennen geben
recreare: erfrischen
frigus, -oris, n.: Kälte, Frische

h) Multa referebat aviae suae; quae tibi existimo tam mirabilia legenti fore, quam mihi audienti fuerunt.
referebat: Subjekt ist eine „sie"
aviae suae: hier Genitiv (zu *avia* vgl. Übung 5 a), abhängig von *multa*

Übung 7 Markieren Sie die Partizipform und überlegen Sie, wie das Partizip hier verwendet ist.

a) Stabat innuebatque digito similis vocanti.
Subjekt ist eine *effigies*, eine Erscheinung, ein Gespenst
innuere (innuo, innui, –): zunicken, zuwinken
digitus, -i: Finger

b) Illa ipsa, quae dura et adversa dicturo videbantur, secunda dicenti fuerunt.

c) Nubes – incertum procul intuentibus ex quo monte; Vesuvium fuisse postea cognitum est – oriebatur.
Vesuvius, -i: der Vesuv

d) Accipit codicillos Rectinae ... imminenti periculo exterritae.
Rectina, -ae: Frau des Cascus, die zur Zeit des Vesuvausbruchs 79 n. Chr. eine Villa am Fuße des Vulkans besaß

e) piscina mirifica, ex qua natantes mare aspiciunt
piscina, -ae: Schwimmbassin
mirificus, -a, -um = *mirus, -a, -um*
natare: schwimmen

f) Adsunt huic opinioni meae leges, quae nec brevitatem dicentibus, sed copiam – hoc est diligentiam – suadent.
nec: hier wie *non* zu übersetzen
copia, -ae: hier: Fülle

g) Audivi enim te saepe referentem esse ibi aera salubrem esse.
saluber, -bris, -bre: heilsam, gesund

2.2 Der Ablativus absolutus bei Cicero und Plinius

Der Ablativus absolutus steht gewissermaßen losgelöst *(absolutus)* vom übrigen Satz. Er bildet in diesem eine geschlossene Aussageeinheit mit satzwertigem Charakter.

Wie geht man beim Übersetzen eines Ablativus absolutus vor?

1. Schritt

- Markieren Sie das **Partizip im Ablativ** und sein **Bezugswort**.
- Prüfen Sie, ob weitere Wörter zur Ablativus-absolutus-Konstruktion gehören. Meist sind dies die Wörter, die zwischen dem Partizip und seinem Bezugswort stehen.

2. Schritt

Bestimmen Sie, um welches Partizip es sich handelt (PPA bzw. PPP).

3. Schritt

Übersetzen Sie dann den Ablativus absolutus (Abl. abs.) ins Deutsche:

- Achten Sie dabei genau auf das **Zeitverhältnis**: Ist die Handlung des Ablativus absolutus gleichzeitig (PPA) oder vorzeitig (PPP)?
  Im Deutschen ist die Vorzeitigkeit zu einem Vergangenheitstempus mit Plusquamperfekt auszudrücken. Die Vorzeitigkeit zu einer präsentischen Handlung ist mit Perfekt wiederzugeben.
- Überlegen Sie, welche **Sinnrichtung** die richtige ist:
  temporal (während; als/nachdem; nach), kausal (weil; wegen), konzessiv (obwohl; trotz), adversativ (während) oder modal (dadurch, dass; indem; durch).
- Denken Sie daran, dass Sie bei der Übersetzung im Satzbau verschiedene Möglichkeiten haben: **mit einer Subjunktion eingeleiteter Nebensatz**, **Präpositionalausdruck** oder **Beiordnung** (Anschluss des jeweiligen Hauptverbs durch „und dann"; „und deshalb"; „und dennoch", ...).

Der Ablativus absolutus bei Cicero

Übung 8 Markieren Sie in folgenden Ausdrücken und Sätzen das Partizip im Ablativ und sein Bezugswort. Übersetzen Sie anschließend den vollständigen Text ins Deutsche. Gehen Sie dabei so vor wie oben empfohlen.

a) ineunte adulescentia
adulescentia, -ae: Jugend(zeit)

b) M. Marcello a te huic ordini populoque Romano et rei publicae reddito
M. Marcellus, -i: römischer Politiker, Gegner Caesars, verbannt, aber dann begnadigt

c) Cn. Pompeio duce
Pompeius, -i: vgl. Übung 5 i

d) hoc parricida civium interfecto

e) Non est omnibus stantibus necesse dicere.

f) Tum vero clarissimis viris interfectis lumina civitatis extincta sunt.

g) Iudicium me uno defendente vicit.
iudicium vincere: den Prozess gewinnen

h) Palam iam cum hoste nullo inpediente bellum iustum geremus.

i) Num dubitas id me imperante facere, quod iam tua sponte faciebas?

j) etiam si quem habetis, qui conlatis signis exercitus regios superare posse videatur
signa conferre: die Feldzeichen vereinigen

k) Haec omnia, iudices, imprudente L. Sulla facta esse certo scio.
imprudens, -ntis = ignarus, -a, -um
L. Sulla: Lucius Cornelius Sulla († 78 v. Chr., röm. Feldherr und Politiker in der Spätphase der Republik)

Porträtbüste von Lucius Cornelius Sulla (138–78 v. Chr.).
Rom, Vatikanische Museen

l) M. Marcellum deprecantibus vobis rei publicae conservavit.
M. Marcellus, -i: vgl. Übung 8 b
deprecari: um Gnade bitten

m) Nuper M. Aurelio Scauro postulante Pericles Ephesius, homo nobilissimus, Romam evocatus est.
M. Aurelius Scaurus, -i: Quästor unter Pompeius
Pericles: hier nicht der athenische Staatsmann (vgl. Übung 3 k), sondern ein Ephesier
Ephesius, -ii, m.: (der) Ephesier
evocare: hier wie *vocare*

n) Hoc erepto praesidio nullam sibi rem adiumento fore arbitrabatur.
adiumentum, -i: Hilfe, Unterstützung

o) Causa cognita possunt multi absolvi, incognita quidem condemnari nemo potest.
in-cognita: beachten Sie die Wortbestandteile
condemnare = damnare

p) Fecerunt id servi Milonis nec imperante nec sciente nec praesente domino.
Milo, -onis: vgl. Übung 1 c

q) Hoc autem uno interfecto intellego hanc rei publicae pestem paulisper reprimi, non in perpetuum comprimi posse.
paulisper: ein Weilchen, eine kurze Zeit
re-primere, com-primere: beachten Sie die Wortbestandteile

r) Etenim quaero, si quis pater familias liberis suis a servo interfectis, uxore occisa, incensa domo supplicium de servo non acerbissumum sumpserit, utrum is clemens ac misericors an inhumanissimus et crudelissimus esse videatur.
misericors, -rdis: mitleidig, barmherzig
in-humanus, -a, -um: beachten Sie die Wortbestandteile

s) Divisa sententia est postulante nescio quo.
sententiam dividere: einen Antrag separat zur Abstimmung kommen lassen

t) At ille vobis audientibus cum fabris se domum meam venturum esse dixit.
faber, -bri, m.: Handwerker, Arbeiter

Der Ablativus absolutus bei Plinius

Übung 9 Markieren Sie in folgenden Ausdrücken und Sätzen das Partizip im Ablativ und sein Bezugswort. Übersetzen Sie anschließend den vollständigen Text ins Deutsche. Gehen Sie dabei so vor wie oben empfohlen.

a) vivente eo

b) Marcianus inductus est absente Prisco.
Marcianus, -i: Flavius Marcianus, (Mit-)Angeklagter im unten genannten Prozess
Priscus, -i: L. Neracius Priscus, dreimaliger Konsul, früher Statthalter der Provinz Africa, die ihn anklagte

c) nondum periculo appropinquante, conspicuo tamen
conspicuus, -a, -um: (deutlich) sichtbar

d) Eximitur dies me gaudente.
diem eximere: einen Termin aussetzen

e) Aeschinen aiunt petentibus Rhodiis legisse orationem suam.
Aeschines, is, m.: attischer Redner des 4. Jh. v. Chr.
Rhodii, -orum: vgl. Übung 4 c

f) Liber legitur, interdum etiam praesentibus amicis.

g) Qui cum legisset Rhodiis orationem Demosthenis admirantibus cunctis, adiecisse fertur …
Rhodii, -orum: vgl. Übung 4 c
Demosthenes, -is: vgl. Übung 4 c

h) Decessit superstitibus suis, florente re publica, quae illi omnibus carior erat.
superstes, -stitis: überlebend
florere: hier: in Blüte stehen

i) Omissis iocis credo decentes esse servos, qui sunt empti mihi ex consilio tuo.
iocus, -i: Scherz, Spaß
decens, -ntis: schön, gut aussehend

j) Proinde faventibus dis trade eum praeceptori, a quo mores primum, mox eloquentiam discat.
praecepter, -oris, m.: Lehrer
eloquentia, -ae: Beredsamkeit

Dichterlesung: Vergil rezitiert vor Augustus. Französischer Stich aus dem 18. Jh.

3 nd-Formen: Gerundium und Gerundivum

Beim Gerundium handelt es sich um den deklinierten Infinitiv Präsens Aktiv, der dekliniert wird wie ein Neutrum Singular der o-Deklination. Dabei wird der Verbalstamm durch -nd- erweitert. Das Gerundivum ist ein Verbaladjektiv mit passiver Bedeutung und wird wie ein Adjektiv auf -us, -a, -um dekliniert.

Wie geht man beim Übersetzen von nd-Formen vor?

1. Schritt

- Markieren Sie die **nd-Form** und ggf. ihr **Bezugswort**.
- Prüfen Sie, ob weitere Wörter zur nd-Konstruktion gehören (meistens wenige!).

2. Schritt

- Machen Sie sich klar, ob ein **Gerund oder** ein **Gerundiv** vorliegt.
- Falls ein Gerundiv vorliegt, prüfen Sie, in welcher Verwendung: ohne *esse* (Ersatz für eine Gerundkonstruktion oder attributives Gerundiv, das wie ein Adjektiv übersetzt werden kann), mit *esse* oder mit einem Verb des Gebens, Schickens, Überlassens o. Ä. (prädikatives Gerundiv).

3. Schritt

- Das **Gerund** übersetzt man grundsätzlich als substantiviertes Verbum (Vorgangssubstantiv) oder durch eine **Infinitivkonstruktion** mit **„zu“**. Das **Gerundiv ohne *esse*** können Sie oft ebenso wie das Gerund wiedergeben; ist es wie ein Adjektiv gebraucht (häufig im Nominativ), so übersetzen Sie mit „zu“ und Partizip Präsens (z. B. ein zu lobender) oder mithilfe des Suffixes „-wert“
(z. B. ein lobenswerter).
- Wenn das **Gerundiv mit** einer Form von ***esse*** verbunden ist, wird es mit **„müssen“** übersetzt (verneint: „nicht dürfen“. Daher wird es gelegentlich auch als „Gerundiv des Müssens“ bezeichnet). Achtung: *esse* entfällt im AcI häufig.
Die Person, von der etwas getan werden muss, steht im Dativ (sog. Dativus auctoris).
- Beachten Sie die **finale** Verwendung des **Gerundivs** nach **Verben des Gebens, Schickens, Überlassens** u. Ä. Hier übersetzen Sie in der Regel am besten mit der Präposition **„zu“**.

3.1 Das Gerundium bei Cicero

Übung 10 Markieren Sie jeweils das Gerund (und ggf. die zugehörige Präposition) und übersetzen Sie dann den ganzen Ausdruck bzw. Satz.

a) voluntas accusandi

b) Audax est ad conandum.

c) prope cottidiana dicendi exercitatio
exercitatio, -onis, f.: Übung

d) tantum facultatis ad agendum
facultas, -atis, f.: Fähigkeit
agere: hier: verhandeln

e) Quoniam ad dicendum impedimento est aetas ...
impedimentum, -i: Hindernis

f) Illorum calamitatem commemorando augere nolo.
commemorare = memorare

g) Hoc non enim exprobrandi causa, sed commonendi gratia dicam.
exprobrare: Vorwürfe machen
commonere = monere

h) labor in negotiis, fortitudo in periculis, industria in agendo, celeritas in conficiendo, consilium in providendo
industria, -ae: Fleiß, Regsamkeit
providēre: hier: Vorsorge treffen

i) Nullius tantum flumen est ingeni(i), nullius dicendi aut scribendi tanta vis, tanta copia.
flumen, -inis, n.: hier: Fülle, Menge

j) Quamquam mihi semper conspectus vester multo iucundissimus, hic autem locus ad agendum amplissimus, ad dicendum ornatissimus est visus, Quirites ...
ornatus, -a, -um = hier: ehrenvoll

3.2 Das Gerundivum bei Cicero

Übung 11 Die folgende Übung enthält Gerundivkonstruktionen, die die gleiche Bedeutung wie ein Gerundium haben. Markieren Sie jeweils das Gerundivum und sein Bezugswort bzw. seine Bezugswörter, ggf. auch die zugehörige Präposition. Übersetzen Sie dann.

a) in iudicibus legendis

b) ad dilacerandam rem publicam
dilacerare: zerreißen, zerfleischen

c) causa illius opprimendi

d) sui malefici(i) occultandi causa
maleficium, -i: Übeltat, Verbrechen

e) in vi inferenda

f) Occasionem sibi ad occupandam Asiam oblatam esse arbitratur.

g) Nam ceterarum provinciarum vectigalia, Quirites, tanta sunt, ut eis ad ipsas provincias tutandas vix contenti esse possimus.
vectigal, -alis, n.: hier: Steuereinnahme
tantus, -a, -um: hier: so klein, so gering
tutari = tueri

h) Erat opinio fani locupletissimi et religiosissimi diripiendi causa in eas oras nostrum esse exercitum adductum.
diripere (-ripio, -ripui, -reptum): plündern
orae, -arum: hier: Gegend

Übung 12 Die folgenden Sätze enthalten Gerundiva mit *esse*. Markieren Sie jeweils das Gerundiv und sein Bezugswort bzw. seine Bezugswörter. Übersetzen Sie dann. Beachten Sie: Bei Gerundivkonstruktionen im AcI entfällt *esse* des Öfteren.

a) Dicendum est enim de Cn. Pompei singulari eximiaque virtute.
Cn. Pompeius: vgl. Übung 5 i

b) Non fuit illud facinus puniendum.
punire (punio, punivi, punitum): bestrafen

c) Quid agendum sit, ipsi considerate.

d) Delenda est vobis illa macula Mithridatico bello superiore concepta.
macula, -ae: Schandfleck
Mithridaticum bellum, -i: Krieg gegen Mithridates (vgl. Übung 5 h)
concipere (-cipio, -cepi, -ceptum): empfangen

e) Hoc non est ferendum.

f) Videte, quem vobis animum suscipiendum putetis.

g) Cum luxuria nobis, cum amentia, cum scelere certandum est.
amentia, -ae: Wahnsinn

h) Non possum oblivisci meam hanc esse patriam, me horum esse consulem, mihi aut cum his vivendum aut pro his esse moriendum.

i) Palam agere coepit et aperte dicere occidendum Milonem.
Milo, -onis: vgl. Übung 1 c

j) Id enim consili(i) mihi profecto dabitis, quod egomet mihi necessario capiendum intellego.
consilium, -i: muss hier zweimal übersetzt werden, einmal als „Rat", einmal *(quod)* als „Plan"
egomet = *ego*
necessario: notwendigerweise

Mithridates VI. Eupator.
Tetradrachme aus den Jahren 75/74 v. Chr.

Übung 13 Die folgenden Ausdrücke enthalten teils attributive, teils prädikative Gerundiva, die zwar wörtlich, schöner aber mit auf „-wert" endenden Adjektiven übersetzbar sind. Übersetzen Sie in beiden Varianten.

a) Erat optandum maxime, iudices.

b) O commemoranda iudicia praeclaramque existimationem nostri ordinis!
commemorare = *memorare*
existimatio, -onis, f.: hier: Ruf

c) is, qui neque aetate neque ingenio neque auctoritate sim cum his, qui sedeant, comparandus
Übersetzen Sie *sim* hier wie *sum*.

d) At eam quoque rem populus Romanus non modo vidit, sed etiam visendam et concelebrandam putavit.
concelebrare: feiern

Übung 14 In den folgenden Sätzen steht das Gerundivum in finaler Verwendung. Markieren Sie jeweils das Gerundiv, sein Bezugswort bzw. seine Bezugswörter sowie das Verb, welches das Gerundiv bedingt. Übersetzen Sie dann.

a) Eum hominem occidendum curavit.

b) Tot praedia tam pulchra, tam fructuosa Sex. Roscius filio suo colenda ac tuenda tradiderat?
praedium, -i: Landgut
fructuosus, -a, -um: ertragreich
Sex. Roscius, -i: vgl. Cicero-Übersetzungstext 3, S. 48 f.
tueri: hier: erhalten

c) is, qui uno die tota in Asia, tot in civitatibus, uno nuntio omnis civis (= omnes cives) Romanos necandos trucidandosque curavit
trucidare: niedermetzeln

Übung 15 In folgenden Sätzen finden sich Gerundien wie Gerundiva in verschiedener Verwendungsweise. Bestimmen Sie zunächst exakt, um welche der beiden Konstruktionen es sich handelt. Übersetzen Sie dann.

a) Ita mihi non tam copia quam modus in dicendo quaerendus est.

b) Non enim bellandi virtus solum in summo ac perfecto imperatore quaerenda est, sed ...
bellare = bellum gerere

c) Primum mihi videtur de genere belli, deinde de magnitudine, tum de imperatore deligendo esse dicendum.

d) Atque haec qua celeritate gesta sint quamquam videtis, tamen a me in dicendo praetereunda non sunt.

e) Atque illud in primis mihi laetandum iure esse video, quod in hac insolita mihi ex hoc loco ratione dicendi causa talis oblata est, in qua oratio deesse nemini possit.
in primis = *imprimis*
laetari = *gaudere*
insolitus, -a, -um: ungewohnt
ratio, -onis, f.: hier: Situation

f) Gravis etiam illa est et plena dignitatis dicendi facultas, quae saepe valuit in consule deligendo.
facultas, -atis, f.: hier: Fähigkeit
valēre: hier: ausschlaggebend sein

g) Doctissimi homines memoriae prodiderunt eum, qui patris ulciscendi causa matrem necavisset, non solum divina, sed etiam sapientissimae deae sententia liberatum.
liberare: hier: freisprechen

h) Etsi persapienter et quodam modo tacite dat ipsa lex potestatem defendendi, quae non hominem occidi, sed esse cum telo hominis occidendi causa vetat, ut, cum causa, non telum quaereretur, qui sui defendendi causa telo esset usus, non hominis occidendi causa habuisse telum iudicaretur.
etsi: hier: jedoch
per: Verstärkung (sehr ...)
tacitus, -a, -um: still, (still)schweigend

3.3 Das Gerundium bei Plinius

bung 16 Markieren Sie jeweils das Gerundium (und ggf. die dazugehörige Präposition). Übersetzen Sie dann die Wendung bzw. den Satz.

a) in dicendo

b) dulcedo tecum loquendi
dulcedo, -inis, f.: die Süße; hier: die Freude, das angenehme Gefühl

c) dies totos audiendo discendoque consumere

d) ad imitandum non optima quaeque proponere

e) Non est, quod contemnas hoc studendi genus.

3.4 Das Gerundivum bei Plinius

Übung 17 Die folgende Übung enthält Gerundivkonstruktionen in verschiedener Verwendungsweise. Markieren Sie jeweils das Gerundivum und sein Bezugswort bzw. seine Bezugswörter, ggf. auch die zugehörige Präposition. Überlegen Sie, welche Verwendung des Gerundivums vorliegt. Übersetzen Sie dann.

a) Neque enim tantopere mihi considerandum est.
tantopere: so sehr

b) pleraque, quae sunt agenda

c) Si silenda feceris, factum ipsum (culpatur), si laudanda non sileas, ipse culparis.
silere = *tacere*
culpare: beschuldigen

d) Ille me ad signandum testamentum rogavit.
signare: unerzeichnen

e) ad liberos suscipiendos

f) Pervenit ad ius tribunatus petendi.
tribunatus, -us, m.: Tribunat, Tribunenamt

g) Arrianus Maturus mihi tamen ornandus excolendusque est.
Arrianus Maturus: röm. Ritter, Freund des Plinius
ornare et excolere: frei: zu Ehre und Ansehen bringen

h) Non praeceptor modo, sed custos etiam rectorque quaerendus est.
rector, -oris: Lenker

i) Rogo, ut, si qua existimabitis addenda, commutanda, omittenda, indicetis mihi.
commutare = *mutare*

j) ... cum ob innocentes condemnandos, interficiendos etiam, pecunias accepisset.
innocens, -ntis: unschuldig, uneigennützig
condemnare = *damnare*

3.5 Bunt gemischte nd-Formen bei Cicero

Übung 18 Folgende Sätze enthalten Gerundia bzw. Gerundiva. Markieren Sie jeweils die nd-Form(en) (ggf. mit Bezugswort – bzw. Bezugswörtern – und Präposition). Unterscheiden Sie, welche der beiden nd-Formen vorliegt, überlegen Sie bei Vorliegen eines Gerundivums dessen Verwendungsweise. Übersetzen Sie dann.

a) Manendum mihi statuebam.
statuere: hier m. AcI: der Ansicht sein

b) in sedandis discordiis
sedare: beruhigen, beschwichtigen, hemmen
discordia, -ae: Zwistigkeit, Streit(igkeit)

c) Omnem memoriam discordiarum oblivione sempiterna delendam censui.
discordia, -ae: vgl. Übung 18 b
oblivio, -onis, f.: Vergessen
sempiternus, -a, -um: ewig

d) ad salutem communem defendendam

e) O incredibilem audaciam, o inpudentiam praedicandam!
inpudentia, -ae: Unverschämtheit
praedicare: bekannt machen, nachdrücklich hervorheben; hier negativ: anprangern

f) Respondi maximis criminibus; nunc etiam reliquis respondendum est.

g) ingenii acuendi causa
acuere (acuo, acui, acutum): schärfen

h) vivendi nimia cupiditate

i) Quid hic victor audebit, qui falsas leges C. Caesaris nomine et falsa decreta in aes incidenda et in Capitolio figenda curaverit?
decretum, -i: Verordnung
incidere (incido, incidi, incisum): einmeißeln

j) Antequam de re publica, patres conscripti, dicam ea, quae dicenda hoc tempore arbitror, exponam vobis breviter consilium et profectionis et reversionis meae.
profectio, -onis, f.: Abreise, Aufbruch
reversio, -onis, f.: Rückkehr

3.6 Bunt gemischte nd-Formen bei Plinius

Übung 19 Folgende Sätze enthalten Gerundia bzw. Gerundiva. Markieren Sie jeweils die nd-Form(en) (ggf. mit Bezugswort – bzw. Bezugswörtern – und Präposition). Unterscheiden Sie, welche der beiden nd-Formen vorliegt, überlegen Sie bei Vorliegen eines Gerundivums die Verwendungsweise. Übersetzen Sie dann.

a) Quae ego nequaquam arbitror neglegenda.
nequaquam: keineswegs

b) Adnota, quae putaveris corrigenda.
adnotare: bemerken, vermerken

c) Sed ego nec rogandus sum nec hortandus.

d) Omnes enim, qui placendi causa scribunt, qualia placere viderint scribent.

e) Erat homo ingeniosus, et qui plurimum in scribendo et salis haberet et fellis nec candoris minus.
ingeniosus, -a -um: geistvoll, scharfsinnig
sal, salis, m.: hier: Witz, Geschmack
fel, fellis, n.: hier: Bitterkeit
candor, -oris, m.: hier: Aufrichtigkeit, Ehrlichkeit, Redlichkeit

f) Gratias ago, quod agellum, quem nutrici meae donaveram, colendum suscepisti.
agellus, -i: Gütchen
nutrix, -icis, f.: Amme

g) Equidem beatos puto, quibus deorum munere datum est aut facere scribenda aut scribere legenda.

h) Nam pater ei Erucius Clarus, vir sanctus, disertus atque in agendis causis exercitatus.
Erucius Clarus, -i: 99 Quästor, 117 Konsul; von Plinius wegen seiner Lebensweise und seiner Redegabe besonders gerühmt.
sanctus, -a, -um: gewissenhaft
disertus, -a, -um: beredt
exercitatus, -a, -um: ersetzt das fehlende PPP von exercēre

i) Extorquebo ei librum legendumque, immo ediscendum mittam tibi.
ex-torquere: beachten Sie die Wortbestandteile
ediscere, edisco, edidici: auswendig lernen

j) Gloria dignum est summo viro in tanta eligendi facultate placuisse!
facultas, -atis, f.: Möglichkeit

4 Besonderheiten bei Relativsätzen

Relativsätze können indikativisch oder konjunktivisch sein, im letzteren Fall sind verschiedene Sinnrichtungen möglich. Relativsätze können mit anderen Satzkonstruktionen verschränkt sein oder einen relativen Satzanschluss bilden.

Wie geht man beim Übersetzen von Relativsätzen vor?

1. Schritt

Markieren Sie das **Relativpronomen** (z. B. durch Umkreisen).

2. Schritt

Prüfen Sie, worauf sich das Relativpronomen bezieht. Markieren Sie ggf. den Bezug durch einen Pfeil. Aber Vorsicht:

- Verwechseln Sie Relativsätze nicht mit indirekten Fragesätzen (die im Konjunktiv stehen!).
- Achten Sie auf den Modus des Relativsatzes. Liegt Konjunktiv vor, haben Sie sehr wahrscheinlich einen Relativsatz vor sich, der eine bestimmte Sinnrichtung enthält.
- Beginnt ein Satzgefüge mit einem Relativpronomen und bezieht sich dieses auf ein Wort des vorangehenden Satzes oder auf den gesamten Satzinhalt, so liegt ein **relativer Satzanschluss** vor. Achten Sie aber darauf, ob nicht lediglich ein Relativsatz einem Hauptsatz vorangeht; auch dann könnte ein Satzgefüge mit einem Relativpronomen beginnen.
- Gelegentlich wird das Bezugswort in den Relativsatz hineingezogen und sein Kasus dann an den des Relativpronomens angeglichen.
- Ist in einen Relativsatz ein AcI, ein weiterer Nebensatz oder ein Ablativus comparationis einbezogen, handelt es sich ggf. um einen **verschränkten Relativsatz**.

3. Schritt

- Übersetzen Sie das Relativpronomen beim **relativen Satzanschluss** wie ein Demonstrativpronomen (dieser, diese, dieses ...).
- Steht ein Relativsatz nicht im Indikativ, sondern im **Konjunktiv**, so soll dadurch häufig eine bestimmte **Sinnrichtung** ausgedrückt werden:
  Sehr häufig sind **finale** Relativsätze. Deren Handlung wird ins Deutsche mit **„sollen“** übersetzt. Oft haben Relativsätze auch eine konsekutive, ab und zu auch eine kausale Sinnrichtung. Der Konjunktiv steht im Relativsatz gelegentlich aber auch nur aus Gründen der Modusangleichung und wird dann nicht übersetzt.
- Den **verschränkten Relativsatz** übersetzen Sie am besten zunächst mit der Hilfsübersetzung „von dem/der“ (z. B. „von dem bekannt ist, dass er ...“).
  Dann wählen Sie eine der folgenden Übersetzungsmöglichkeiten:
  - Parenthese („– es ist bekannt, dass er ... –“)
  - Präpositionalausdruck („der unseres Wissens ...“)
  - Adverb („der bekanntlich ...“)

  Bei Verschränkung mit einem Ablativus comparationis übersetzen Sie am schönsten mit einem Superlativ (z. B. „der beste, der ...“).

4.1 Relativsätze bei Cicero

Übung 20 Benennen Sie jeweils die im betreffenden Relativsatz vorliegende Besonderheit und übersetzen Sie.

a) Quem quidem ego cum ex urbe pellebam, hoc providebam animo, Quirites, …

b) Qui sunt igitur reliqui, quos sors divina delectet?

c) Qui enim bellum cum re publica gerunt, hunc diem non exspectabant.

d) Quis est enim, qui hoc non intellegat …

e) Quem qui beatum fuisse putant, miseri ipsi sunt.

f) An, si cui quid ille promisit, id erit fixum?

g) At etiam litteras, quas me sibi misisse diceret, recitavit homo humanitatis expers.
humanitas: hier: Anstand
expers, -tis (m. Gen.): ohne Anteil an, ohne …

h) Omnes hi, quos videtis adesse in hac causa, iniuriam putant oportere defendi.

i) Atque ego ut vidi, quos maximo furore et scelere esse inflammatos sciebam, eos nobiscum esse et Romae remansisse, in eo omnes dies noctesque consumpsi, ut, quid agerent, sentirem ac viderem.
scelus: hier: Ruchlosigkeit, Bosheit

4.2 Relativsätze bei Plinius

Übung 21 Benennen Sie jeweils die im betreffenden Relativsatz vorliegende Besonderheit und übersetzen Sie.

a) Quem errorem expiavit.
expiare: sühnen, wiedergutmachen; Subjekt ist eine „sie“

b) Qui vitia odit, homines odit.

c) Qui haec censetis, in hanc partem ite.

d) Nam cui non est verendum, quod videmus accidisse Verginio?
Verginius, -i: Vormund des Plinius nach dem Tod seines Vaters

e) Computabam faciliorem mihi excusationem fore, si quis incidisset, quem non deberem accusare.
computare: hier: sich ausrechnen
excusatio, -onis, f.: Entschuldigung
incidit aliquis, qui: hier: ein Fall liegt vor, bei dem …

Blick über das antike Forum Romanum zum heutigen Kapitolshügel.

5 Funktionen des Konjunktivs (im Haupt- und Nebensatz)

Die Funktionen, die ein Konjunktiv in einem Hauptsatz übernehmen kann, sind vielfältig. Deswegen liegt im Folgenden auch hier der Schwerpunkt. Für den Konjunktivgebrauch im Nebensatz siehe auch das Kapitel „Besonderheiten bei Relativsätzen“ (S. 27 ff.).

Wie geht man beim Übersetzen einer Konjunktivform in einem Hauptsatz vor?

1. Schritt

Bestimmen Sie zunächst genau, welches Tempus vorliegt. Hieraus können Sie eine erste noch sehr weite Zuordnung treffen.

Konj. Präsens kann stehen für:
- einen erfüllbaren Wunsch der Gegenwart (Optativ),
- einen Potentialis der Gegenwart,
- einen Konzessiv der Gegenwart,
- einen Deliberativ der Gegenwart (nur in der 1. Pers.),
- einen Hortativ (nur in der 1. Pers. Pl.),
- einen Jussiv (nur in der 3. Pers.).

Konj. Imperfekt kann stehen für:
- einen unerfüllbaren Wunsch der Gegenwart (Optativ),
- einen Potentialis der Vergangenheit,
- einen Irrealis der Gegenwart,
- einen Deliberativ der Vergangenheit (nur in der 1. Pers.).

Konj. Perfekt kann stehen für:
- einen erfüllbaren Wunsch der Vergangenheit (Optativ),
- einen Potentialis der Gegenwart,
- einen Konzessiv der Vergangenheit.

Konj. Plusquamperfekt steht lediglich für einen unerfüllbaren Wunsch der Vergangenheit (Optativ) oder für einen Irrealis der Vergangenheit.

Beachten Sie besonders: *ne* mit 2. Pers. Konj. Perfekt ist häufig eine verneinte Aufforderung (Prohibitiv).

2. Schritt

Anhand einiger Ergänzungen kann ggf. noch näher eingegrenzt werden, welche Funktion des Konjunktivs vorliegt: Zu einem **Optativ** kann *utinam*, *velim* oder *vellem* treten, er muss durch *utinam* oder *vellem* verstärkt sein, wenn ein unerfüllbarer Wunsch vorliegt.
Ein **Konzessiv** kann durch *sane* (immerhin, freilich, ruhig) ergänzt sein.

Irrealis und **Potentialis** kommen häufig in *si*-Sätzen vor. Der Potentialis, insbesondere der Potentialis der Vergangenheit und der Potentialis der Gegenwart, sofern er im (lat.) Perfekt steht, sind häufig an Verben des Sagens und Glaubens erkennbar.
Nach **Hortativ** und **Jussiv** steht in der Regel ein Ausrufezeichen, nach einem **Deliberativ** ein Fragezeichen.

3. Schritt

Übersetzen Sie, wenn Sie die genaue Funktion des Konjunktivs entschlüsselt haben, nun ins Deutsche:

- einen erfüllbaren Wunsch mit „möge" bzw. „möge haben" oder „hoffentlich ...",
- einen unerfüllbaren Wunsch mit „würde(st/n) ... doch", „hätte(st/n) ... doch" oder „wenn doch ...",
- einen Potentialis durch Abmilderung des Gesagten durch „wohl", „könnte(st/n)/dürfte(st/n)" bzw. (in der Vergangenheit) „hätte(st/n) können",
- einen Irrealis mit dem dt. Konjunktiv II (würde/hätte),
- einen Deliberativ mit einer Überlegungsfrage mit „soll/en",
- einen Jussiv mit „soll/en" (als Aufforderung),
- einen Hortativ mit „lasst uns/wollen wir",
- einen Konzessiv mit „mag" (im Sinne eines Zugeständnisses),
- einen Prohibitiv übersetzt man als verneinten Imperativ.

5.1 Funktionen des Konjunktivs bei Cicero

Übung 22 Bestimmen Sie jeweils die Funktion des Konjunktivs und übersetzen Sie.

a) Sed quid opponas tandem, si negem me umquam ad te istas litteras misisse, quo me teste convincas?
opponere (-pono, -posui, -positum): hier: entgegenhalten

b) Quid ego de L. Cinna loquar?
L. Cinna, -ae, m.: röm. Politiker (130–84 v. Chr.), Gegner Sullas und der Optimaten, Vertreter der Popularen

c) Ita vero, Quirites, ei, ut precamini, eveniat atque huius amentiae poena in ipsum familiamque eius recidat.
amentia, -ae: Wahnsinn, Verrücktheit
re-cidere (-cido, -cidi, -casurus): beachten Sie die Wortbestandteile

d) Totam causam, iudices, explicemus atque ante oculos expositam consideremus.
explicare: entfalten, ausbreiten, entrollen

e) Dicerem, Dolabella, qui recte factorum fructus esset, nisi te praeter ceteros esse expertum viderem.
Dolabella, -ae, m.: römischer Politiker im 1. Jhdt. v. Chr.
praeter m. Akk.: hier: mehr als

Übung 23 Der Konjunktiv im Nebensatz: Bestimmen Sie jeweils die Funktion des Konjunktivs und übersetzen Sie.

a) Illud quaero, cur tam mansuetus in senatu fuerit, cum in edictis tam ferus fuisset.
mansuetus, -a, -um: mild, zahm
edictum, -i: hier: Verordnung, Edikt

b) Quonam fato, patres conscripti, fieri dicam, ut nemo his annis viginti rei publicae fuerit hostis, qui non bellum eodem tempore mihi quoque indixerit?
quo-nam: beachten Sie die Wortbestandteile
bellum indicere (-dico, -dixi, -dictum): den Krieg erklären

c) Sed quam multos fuisse putatis, qui, quae ego deferrem, non crederent.
deferre (-fero, -tuli, -latum): hier: anzeigen

d) Nemo erat, qui non audere omnia mallet quam videre in Sex. Rosci, viri optimi atque honestissimi, bonis iactantem se ac dominantem T. Roscium.
Sex. Roscius: vgl. Cicero-Übersetzungstext 3, S. 48 f.
T. Roscius: Verwandter von Sextus Roscius, der die Anklage gegen diesen unterstützte

e) Interea iste T. Roscius, vir optimus, Ameriam venit, in praedia huius invadit, hunc miserum, luctu perditum, qui nondum etiam omnia paterno funeri iusta solvisset, nudum eicit domo.
T. Roscius: vgl. Übung 23 d
Ameria, -ae: Stadt im heutigen Umbrien
praedium, -i: Landgut
luctus, -us, m.: Trauer
paternus, -a, -um: väterlich
iusta solvere (solvo, solvi, solutum): Genüge leisten
nudus, -a, -um: entblößt (d. h. hier: mittellos)

Übung 24 Im folgenden Text finden sich mehrere Konjunktivformen.
Wie ist ihre Funktion jeweils zu begründen?

Duo tamen tempora inciderunt, quibus aliquid contra Caesarem Pompeio suaserim. Ea velim reprehendas, si potes, unum, ne quinquennii imperium Caesari prorogaret, alterum, ne pateretur ferri, ut absentis eius ratio haberetur. Quorum si utrumvis persuasissem, in has miserias numquam incidissemus.

in-cidere (-cido, -cidi, –): beachten Sie die Wortbestandteile
Pompeius, -i: vgl. Übung 5 i
unum – alterum: hier: beim ersten Mal – beim zweiten Mal
prorogare quinquenni imperium: den Oberfehl um (weitere) fünf Jahre verlängern
rationem alicuius habere: Rücksicht auf jemanden nehmen
persuadere utrumvis: von jedem der beiden Dinge – beliebig welchem – überzeugen; freier: von dem einen oder anderen überzeugen

5.2 Funktionen des Konjunktivs bei Plinius

Übung 25 Bestimmen Sie jeweils die Funktion des Konjunktivs im Hauptsatz und übersetzen Sie.

a) Tu fortasse me putes indulsisse amori meo.
indulgēre (indulgeo, indulsi, indultum): nachgeben

b) Quod velim facias.

c) Sane blandiantur, dum per hoc mendacium nobis studia nostra commendent.
blandiri (blandior, blanditus sum): hier: schmeicheln
mendacium, -i: Lüge
commendare: hier: angenehm machen

d) Mirareris, si interesses, qua patientia hanc ipsam valetudinem toleret.
patientia, -ae: Geduld

e) Vellem Africanae, quas coemeras plurimas, ad praefinitum diem occurrissent.
Africanae, -arum: hier: (wilde) afrikanische Tiere
co-emere(-emo, -empsi, -emptum): beachten Sie die Wortbestandteile
praefinitus, -a, -um: (im Voraus) festgesetzt
occurrere: entspricht hier *advenire*

Flusspferd in Nillandschaft. Detailaufnahme eines Mosaikes aus Pompeji.
Neapel, Archäologisches Nationalmuseum

Übung 26 Begründen Sie jeweils den Konjunktiv im Nebensatz und übersetzen Sie:

a) Ecce tibi Regulus „Quaero“, inquit, „Secunde, quid de Modesto sentias“.
Regulus, Secundus, Modestus: Eigennamen

b) Olim mihi nullas epistulas mittis. „Nihil est“, inquis, „quod scribam.“
olim = hier: seit Langem

c) Quam (*erg.*: brevitatem) ego custodiendam esse confiteor, si causa permittat.
brevitas, -atis, f.: Substantiv zu *brevis, -e*
custodire: hier: achten (auf)

d) Non est, quod contemnas hoc studendi genus.

e) Exprimere, domine, verbis non possum, quantum mihi gaudium attuleris.

6 Oratio obliqua – Die indirekte Rede bei Cicero

Die Oratio obliqua gibt die Äußerungen, Gedanken und Ansichten einer dritten Person wieder und zeigt, dass der Inhalt nicht vom selbst Sprecher stammt.

Wie geht man beim Übersetzen von indirekter Rede vor?

1. Schritt

Dass eine indirekte Rede vorliegt, erkennen Sie an einem (tatsächlich im Text vorhandenen, gelegentlich aber auch nur sinngemäß zu ergänzenden) **Verb des Sagens**.
In der auf das Verb folgenden Passage finden sich dann nur:

- Verbformen im **Infinitiv** (gehörend zu AcI-Konstruktionen) oder
- Verbformen im **Konjunktiv** (in Nebensätzen, Fragen oder Aufforderungs-/Wunschsätzen), nur sehr selten im Indikativ (falls der Schriftsteller die indirekte Rede durchbricht, um eine Feststellung zu treffen oder eine Anmerkung zu machen.).

2. Schritt

Achten Sie darauf, ob ein **Infinitiv** (Hauptsätze, die eine Aussage enthalten; rhetorische Fragesätze) oder ein **Konjunktiv** (Aufforderungs-/Wunschsätze, auszudrücken mit „sollen", ein Nebensatz oder eine Frage) vorliegt.

3. Schritt

Im Deutschen ist die indirekte Rede mit **Konjunktiv I** wiederzugeben („sei", „habe", „gehe", „sage", …), lediglich bei möglicher Verwechslung mit einem gleichlautenden Indikativ können Sie Formen des Konjunktiv II („würde", „hätte", …) benutzen.

Übung 27 Übersetzen Sie folgende Passagen aus Reden Ciceros.

a) Reperiebam: fiscos compluris cum pecunia Siciliensi a quodam senatore ad equitem Romanum esse translatos, ex his quasi decem fiscos ad senatorem illum relictos esse comitiorum meorum nomine, divisores omnium tribuum noctu ad istum vocatos.

reperire (reperio, repperi, repertum): (heraus)finden
fiscus, -i: Korb
Siciliensis, -e: Adjektiv zu *Sicilia, -ae*
quasi: hier: ungefähr
nomine: hier frei: wegen, für
comitia, -orum: Wahl(en)
divisor, -oris, m.: (Geld-)Austeiler
tribus, -us, f.: (Wahl-)Bezirk
noctu: Adverb zu *nox*

b) Ex quibus quidam eadem illa nocte ad me venit: demonstrat, qua iste oratione usus esset: commemorasse istum, quam liberaliter eos tractasset antea, cum ipse praeturam petisset: deinde continuo esse pollicitum, quantam vellent pecuniam, si me aedilitate deiecissent. Hic alios negasse auderi; alios respondisse non putare id perfici posse, inventum tamen esse fortem amicum ex eadem familia, Q. Verrem.

liberalis, -e: großzügig
praetura, -ae: Prätur, Prätorenamt
continuo: sofort
aedilitate de-icere: vom Ädilenamt ausnehmen (*aedilitas, -atis,* f.: Ädilenamt)
Q. Verres: vgl. Übung 1 l

c) Introducti autem Galli ius iurandum sibi et litteras ab Lentulo, Cethego, Statilio ad suam gentem data esse dixerunt, atque ita sibi ab his esse praescriptum, ut equitatum in Italiam quam primum mitterent; pedestres sibi copias non defuturas. Lentulum autem sibi confirmasse ex fatis Sibyllinis haruspicumque responsis se esse tertium illum Cornelium, ad quem regnum huius urbis atque imperium pervenire esset necesse; Cinnam ante se et Sullam fuisse. Eundemque dixisse fatalem hunc annum esse ad interitum huius urbis atque imperii, qui esset annus decimus post virginum absolutionem, post Capitoli autem incensionem vicesimus.

Die Sibylle von Cumae (ca. 1450). Fresko von Andrea del Castagno (1423–1457). Florenz, Sant' Apollonia

intro-ducere (-duco, -duxi, -ductum): beachten Sie die Wortbestandteile
Lentulus, Cethegus, Statilius: Mitverschwörer Catilinas
praescribere (-scribo, -scripsi, -scriptum): vorschreiben
pedestris, -e: zu Fuß
fata Sibyllina: die Sibyllinischen (Schicksals-)Sprüche
haruspex, -icis, m.: Opferschauer
responsum, -i: Substantiv zu *respondere*
Cornelius, -i: Gentilname des Lentulus (siehe oben)
Cinna, -ae, m.: vgl. Übung 21 b
Sulla, -ae, m.: vgl. Übung 8 k
fatalis, -e: schicksalhaft, vom Schicksal bestimmt
absolutio, -onis, f.: Freisprechung
incensio, -onis, f.: Substantiv zu *incendere*

7 Grundsätzliche Übersetzungstipps für lateinische Texte

7.1 Systematisches Vorgehen beim Übersetzen

Gewöhnen Sie sich an, an Texte **langsam und systematisch** heranzugehen. Bei einfacheren Sätzen oder Texten werden Sie dann nach kurzer Zeit feststellen, dass Sie durch die Übung dieses Vorgehens vieles „vom Blatt“ übersetzen können. Längere Satzperioden bleiben aber diffizil und wollen langsam entschlüsselt sein.

Wie geht man beim Übersetzen systematisch vor?

1. Schritt
Machen Sie sich zunächst den **Aufbau eines Satzgefüges** klar. Ermitteln Sie als Erstes, worin der **Hauptsatz** (HS) und worin die **Nebensätze** (Gliedsätze) bestehen:

- Nebensätze (Gliedsätze) erkennen Sie daran, dass sie mit einem **nebensatz-/gliedsatzeinleitenden Wort** beginnen: einer Subjunktion (z. B. *cum, postquam*), einem Relativpronomen (achten Sie aber darauf, ob nicht ein relativer Satzanschluss vorliegen könnte!) [1] oder einem Fragepronomen (bei indirekten Fragesätzen).
  Markieren Sie diese nebensatz-/gliedsatzeinleitenden Wörter, z. B. durch Einkreisen. Beachten Sie, dass ein Nebensatz nicht nach einem Komma beginnen muss, sondern auch ein Satzgefüge einleiten kann.
- Prüfen Sie, auf welche Nomina sich z. B. Relativpronomina beziehen könnten oder welche anderen Wortverbindungen (wie *tantus … quantus; sic … ut*) die direkte **Unterordnung** eines Satzes unter einen anderen nahe legen. Solche **Bezüge** können Sie durch Pfeile markieren.
- Wenn Sie auf diese Weise die Gliedsätze herausgefunden haben, kann der verbleibende Teil des Satzgefüges nur der Hauptsatz sein oder zum Hauptsatz gehören.

2. Schritt
Unterstreichen Sie alle **Prädikate**, das (bzw. die) des Hauptsatzes doppelt. Beachten Sie dabei:

- Zu Formen von *esse* tritt in der Regel ein Prädikatsnomen. Es gehört zum Prädikat.
- Infinitivformen sind in der Regel (abgesehen vom historischen Infinitiv) keine Prädikate.
- Wenn Sie in einem Teilsatz **kein Prädikat** entdecken, machen Sie sich einen kurzen **Vermerk**. Er erinnert Sie daran, dass Sie in einer späteren Zeile noch ein Prädikat finden müssen.

- Wenn Sie überhaupt kein Prädikat finden, überprüfen Sie, ob evtl. eine **Ellipse** (Auslassung) vorliegt (z. B. bei *est*). Auch eine **parallele Satzkonstruktion** könnte dazu führen, dass ein Prädikat nur einmal genannt ist.

Markieren Sie zu jedem Prädikat das **Subjekt** (z. B. unterstricheln).

- Die **Person**, in der das **Prädikat** steht, gibt Ihnen einen Hinweis auf den Numerus, in dem das Subjekt stehen muss.
- Wenn Sie **kein Subjekt** finden, ist es vielleicht nur **nicht ausdrücklich genannt**, z. B. weil es dasselbe ist wie in einem anderen Teilsatz oder weil es sich um eine 1./2. Person handelt.
- Ist das **Subjekt nicht eindeutig** erkennbar, da es sich bei mehreren Formen um einen Nominativ handeln könnte, so lassen Sie es vorläufig unübersetzt.

3. Schritt
Erstellen Sie bei Sätzen mit mehreren Nebensätzen auf der Basis Ihrer bisherigen Ergebnisse eine Satzanalyse mit **Einrückmethode** oder **Kästchenmethode** (vgl. Kapitel 7.2).

4. Schritt
Machen Sie sich klar, welche **Wortblöcke** zusammengehören.[2]

- Eine Hilfe dafür, zusammengehörige Substantive und Adjektive oder Pronomina zu finden, ist die **KNG-Regel** (Kasus- Numerus-Genus- Regel).
- Achten Sie auf **Präpositionen**, die mit den darauf folgenden Nomina (im Akk. oder Abl.) ebenfalls einen Wortblock bilden.
- **Genitive** sind in der Regel auf das **nächstgelegene Nomen** (meist das vor dem Genitiv stehende) zu beziehen.

5. Schritt
Prüfen Sie, welche **grammatikalischen Strukturen** in dem Satz enthalten sind.

- **Markieren** Sie zentrale Grammatikphänomene wie **AcI** oder **NcI**, **Participium coniunctum**, **Ablativus absolutus**, **Gerund/Gerundiv** oder **indirekte Rede**, am besten in einer jeweils nur dafür bestimmten Markierung.
- Eine andere Möglichkeit besteht darin, einfach am Rand einen **Vermerk** auf das jeweilige Grammatikphänomen zu machen. Die Kästchenmethode sieht darüber hinaus bestimmte Symbole dafür vor (vgl. Kapitel 7.2).

6. Schritt
Übersetzen Sie nun zunächst den **Hauptsatz (HS)**, dann in einem zweiten Schritt die **Nebensätze (NS**, bzw. Gliedsätze, GS) – **Schritt für Schritt**.

- Bei einem **HS** empfiehlt es sich oft, nach einem **Dreischritt** vorzugehen:
  1. Übersetzen Sie zunächst (ggf. nach der einleitenden Konjunktion) das erste Wort oder die erste Wortgruppe,
  2. als Zweites das Prädikat,
  3. dann den Rest des Satzes der Reihe nach.
- Ein **Nebensatz** lässt sich dagegen meist **der Reihe nach** übersetzen.
- Oft werden **Partizipialkonstruktionen** und der **AcI**, in bestimmten Fällen auch Gerund/Gerundiv **im Deutschen** als (zusätzliche) **Nebensätze** wiedergegeben.

1 Ein relativer Satzanschluss findet sich am Anfang eines neuen Satzes nach Punkt oder Strichpunkt; nach einem Komma dagegen nie.

2 Sie können diese durch Klammern, Kästchen o. Ä. eingrenzen. Doch vermeiden Sie Verwirrung durch allzu viele Markierungen. Oft genügt an Stellen, auf die Sie später bei der Übersetzung besonders achten wollen, ein einfaches Ausrufezeichen, ein Stichwort im Text o. Ä.

7.2 Methoden der Satzanalyse

Methoden der Satzanalyse dienen dazu, komplexere Satzgefüge schneller und besser überschaubar und damit auch übersetzbar zu machen.

Wie kann man komplexe Satzgefüge veranschaulichen?

- Die Satzanalysemethoden veranschaulichen zunächst, auf welcher **Ebene** ein **Teilsatz** steht: ob er den **Hauptsatz** (oder einen Teil davon) oder einen **Nebensatz** (Gliedsatz) bildet, und, falls letzteres, ob dieser Nebensatz direkt **vom Hauptsatz abhängig** ist oder von einem anderen, ihm **übergeordneten Nebensatz**.

  Dabei kürzt man wie folgt ab:

HS	Hauptsatz
NS 1 (GS 1)	Nebensatz (Gliedsatz) 1. Grades (d. h. direkt vom HS abhängig)
NS 2 (GS 2)	Nebensatz (Gliedsatz) 2. Grades (d. h. von einem NS 1/GS 1 abhängig) usw.

- In diese Schemata können Sie **zusätzlich wichtige grammatikalische Strukturen** einzeichnen. Dadurch wird die Anschaulichkeit eines solchen Satzbildes noch erhöht, da Sie so gut wie alle Informationen auf einen Blick vor sich haben, die Sie brauchen, um den Aufbau eines Satzes in seiner Logik nachzuvollziehen.

Die Einrückmethode

- Die einzelnen **Teilsätze** oder Teilstücke von Sätzen werden **untereinandergeschrieben**.
- Sie werden je nach dem Grad ihrer Abhängigkeit nach rechts eingerückt.
  Man beginnt am linken Rand mit dem HS, ein NS 1 (GS 1) wird um eine Einheit nach rechts verschoben, ein NS 2 (GS 2) um zwei Einheiten, usw.

Beispiel **HS** **GS 1** **GS 2**

Is a vobis, iudices, hoc postulat,

ut

quoniam in alienam pecuniam tam plenam atque praeclaram nullo iure invaserit

quoniamque ei pecuniae vita Sex. Rosci obstare atque officere videatur,

deleatis ex animo suo suspicionem omnem metumque tollatis;

sese hoc incolumi non arbitratur huius innocentis patrimonium tam amplum et copiosum posse obtinere,

damnato et eiecto sperat se posse,

quod adeptus est per scelus,

id per luxuriam effundere atque consumere.

(Pro Sexto Roscio 6)

In dieses Schema können Sie weitere Veranschaulichungen Ihrer Wahl einzeichnen, z. B. farbliche Markierung von AcI, Abl. abs., Participium coniunctum usw. (vgl. S. 46). Natürlich können Sie dabei auch die Symbole der Kästchenmethode verwenden.

Die Kästchenmethode

Der Hauptsatz und die Nebensätze werden in Kästchen geschrieben.
Diese werden je nach Abhängigkeitsgrad des Satzes höher oder tiefer gesetzt:

- Der **HS** steht **ganz oben** (das Kästchen, das ihn umgibt, kann dicker gezeichnet werden), ein NS 1 wird um eine Einheit nach unten verschoben, ein NS 2 um zwei, usw.
- **Nebensätze gleichen Grades** oder **Teilstücke desselben Satzes** stehen auf der **gleichen Linie** (in letzterem Fall wird das Kästchen am Ende nicht geschlossen, sondern erhält eine gestrichelte rechte Linie, die Fortsetzung des Teilsatzes in einem neuen Kästchen eine gestrichelte linke Linie).
  In die Kästchen werden nur die für das Erschließen des Teilsatzes wichtigsten Wörter bzw. Formen (Prädikat, Subjekt, Subjunktionen, Infinitiv- und Partizipialkonstruktionen) eingetragen.
- Bei der Kästchenmethode sind Symbole vorgegeben, durch die sich wichtige Elemente verkürzt und einfach darstellen lassen:

V	(finites) Verb	△	Participium coniunctum
VI	Verbum im Infinitiv*	▽	Ablativus absolutus
▱	AcI / ▱ NcI	◁	Relativer Satzanschluss
⬭	Gerund/Gerundiv		

Beispiel

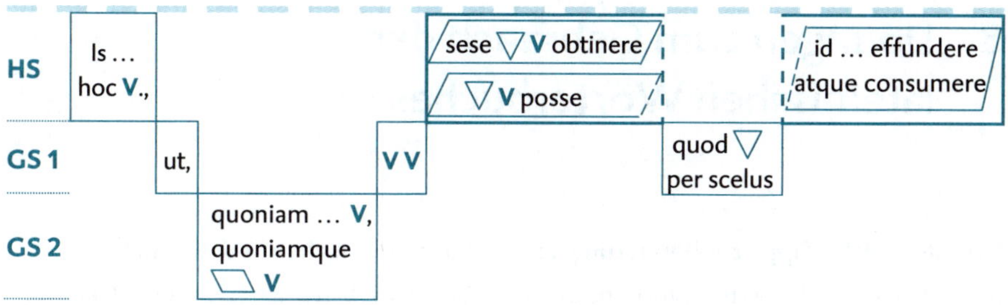

Tipp

Die Kästchenmethode erfordert grundsätzlich – jedenfalls, wenn die Satzperioden länger sind – wesentlich mehr Platz zur Veranschaulichung als die Einrückmethode.
Verwenden Sie bei der Kästchenmethode daher **Blatt oder Heft quer**.

* bei historischem Infinitiv

8 Übungen zum Gebrauch des lateinischen Wörterbuches

Grundsätzliche Tipps zur Benutzung des lateinisch-deutschen Wörterbuches

Beim Blick in ein lateinisches Wörterbuch erschließt sich die Bedeutung einer einzelnen Vokabel keineswegs sofort – wie in früheren Schuljahren vielleicht erhofft:

- In einem Text finden sich viele Wörter nicht in der sog. „Lernform" wieder, sondern flektiert („gebeugt"). Man muss also zunächst einmal überlegen, unter welcher Form sie im Lexikon wohl zu finden sind.
- Einträge zu einzelnen Vokabeln („Lemmata") enthalten eine Reihe von Zeichen und Abkürzungen, die es zunächst zu „entschlüsseln" gilt.
- Zahlreiche Wörter haben mehrere verschiedene Bedeutungen, so dass die jeweils richtige erst zu finden ist.

Trotzdem liefert ein Wörterbucheintrag viele Informationen und Hilfen, wenn man ihn erst richtig zu „lesen" weiß:

- Substantive sind in der Regel unter dem Nominativ Singular zu finden.
  Beispiel: *stipendiis* → Eintrag im Lexikon unter *stipendium*

  Auch Adjektive sind im Nominativ Singular angegeben, Adjektive der a-/o-Deklination je nach Lexikon lediglich in der maskulinen Form oder in allen drei Genera, drei- und zweiendige in allen drei Formen des Nominativ Singular.

  Verben sind zunächst in der 1. Pers. Sg. Ind. Präs. Akt. eingetragen.
  Beispiel: *consumat* → Eintrag im Lexikon unter *consumo*

  Ausnahmen: Deponentien sind in der entsprechenden Passivform angegeben, Verba defectiva in der jeweils existierenden Form wie *memini* oder *inquit*.

- Eine entscheidende Hilfe wird dadurch geboten, dass bei unregelmäßig gebildeten Verben auch die 1. Pers. Sg. Ind. Perf. Akt. und das PPP gesondert aufgeführt sind.

- Ein Lemma bietet darüber hinaus weitere wichtige grammatische Informationen: Bei Substantiven die Endung des Gen. Sg., an der sich die Deklinationszugehörigkeit ablesen lässt, das Genus und die Bildung einzelner Kasus, falls diese abweichend vom Grundschema gebildet werden (z. B. *vi* als Ablativ zu *vis*).

- Die verwendeten Zeichen (z. B. * für sprachwissenschaftlich erschlossene, aber nicht in der Literatur belegte Formen), Abkürzungen (wie acc. für Akkusativ) und Siglen (wie O für Ovid) werden in den Wörterbüchern in den einleitenden Seiten aufgelistet und erklärt.

- Gegliedert durch arabische, bei umfangreicheren Einträgen auch römische Ziffern und Buchstaben wird der Bedeutungsbereich eines Wortes dargeboten.

Beispiel

stīpendium, ī, *n.* (aus *stip(i)-pendium, v. stips u. pendo) **1. Sold, Entlohnung:** stipendia merere (mereri) Kriegsdienst leisten, auxiliaria stipendia mereri bei den Hilfstruppen dienen *T*; vitae Lebensunterhalt *Ml. meton.* **2. Kriegsdienst:** stipendia facere pedibus bei den Fußtruppen dienen *L*, emereri ausdienen *SL*; homo nullius stipendii (nullis stipendiis *T*) der nie gedient hat *S*. **occ. Feldzug, Dienst-, Kriegsjahr:** stipendia multa habere *L*, quadragesimum *T*. **3. Steuer, Abgabe, Tribut:** stipendium capere, quotannis pendere; *metaph.* **Strafe:** quod me manet stipendium? *H.*

In: Stowasser. Lateinisch-deutsches Wörterbuch. München: Oldenbourg 1994, S. 482, 119.

cōn-sūmō 3. sūmpsī, sūmptus; consumpse = consumpsisse *Lu* **verbrauchen**

I. 1. **gebrauchen,** auf etw. **verwenden;** *metaph.* 2. (Zeit u. ä.) **verwenden, verbringen, zubringen;** *pass.* **verstreichen;** 3. **aufbrauchen, vergeuden, verschwenden.**
II. 1. **aufbrauchen, verbrauchen;** *occ. a.* **verzehren;** *b.* **verprassen;** *c.* **erschöpfen, auskosten;** 2. *metaph.* **verzehren, vernichten, zerstören;** *occ.* (Lebende) **aufreiben, vernichten, wegraffen;** *pass.* **umkommen.**

I. 1. Meist mit in *c. abl.* 'auf', 'zu': mille talenta in oppido oppugnando *N*, in armis plurimum studii auf Fechtübungen *N*; in *c. acc.* aurum in ludos *L*. **2.** in hōc tres menses damit zubringen *N*, aestatem in Treveris; operam; magna diei parte consumpta als ... verstrichen war; consumptā nocte am Ende der Nacht *V*; mit *abl.* tres noctes navigatione; multos dies per dubitationem unnütz verstreichen lassen, verlieren *S*. **3.** frustra verba *Cu*, preces *O*, mare, terras sich vergebens an ... wenden *O*.
II. 1. tela verschießen. **a.** frumenta; aprum *H*. **b.** id per luxuriam. **c.** misericordiam das Maß des Mitleids erschöpfen *Cu*, ignominiam auskosten *T*. **2.** incendio moles consumpta *Cu*; consumit robigo ferrum zerfrißt *Cu*, consumitur anulus usu nützt sich ab *O*, metus consumit vocem erstickt *T*. **occ.** milites pestis (pestilentia) consumit *Cu*, consumi morbo *NCu*, fame hingerafft werden; consumi lacrimis sich in Tränen verzehren *O*.

- Siglen können auch wertvolle Informationen zur Bedeutung des Wortes an der jeweils zu übersetzenden Stelle bieten, da z. B. bestimmte Wortbedeutungen oft nur bei einzelnen Schriftstellern belegt sind.
  Achten Sie besonders auf Siglen wie z. B. „C" (für Comici, d. h. nur in der Komödiendichtung vorkommend) oder „Eccl." (für Kirchenschriftsteller, d. h. erst im christlichen, damit naturgemäß spätklassischen Latein). Abkürzungen von Dichternamen oder generell die Abkürzung „poet." weisen darauf hin, dass die besagte Wortbedeutung in der Prosa nicht vorkommt, es sei denn, es wird auch hier eine Belegstelle genannt.
  Das Fehlen der Angabe bestimmter Autoren bedeutet, dass die betreffende Wortbedeutung in der klassischen Zeit belegt ist.
- Zahlreiche feste Wendungen werden im Wörterbuch in Übersetzung angeboten.
  Beispiel:
  - *stipendia merere (mereri)*
  - *consumpta nocte*
  - *consumi morbo/fame/lacrimis*
- Auch durch die Angabe grammatikalischer Besonderheiten erhalten Sie ggf. Hinweise auf die in dem Ihnen vorgegebenen Kontext auszuwählende Bedeutung.
  Beispiel: consumere: – pass. umkommen

  Besonderheiten: Insbesondere für die Versanalyse erhalten Sie eine wertvolle Hilfe dadurch, dass sie auch Hinweise auf Länge oder Kürze der Silben in einem Wort erhalten: Wie Sie es im Vokabel-Lernteil Ihrer Übungsbücher gewöhnt waren, erhalten lange Silben einen Balken (Längenzeichen), kurze Silben sind nicht weiter gekennzeichnet.
  Im Zusatzteil Ihres Lexikons (auf den letzten Seiten) erhalten Sie häufig weitere Hilfen, die Sie gezielt bei Unsicherheit in einzelnen Formen nutzen sollten: Deklinationstabellen, u. U. Übersicht über Personalendungen, Tempus- und Moduszeichen u. a.

Übung 28 Unter welcher Grundform finden Sie die angegebenen Formen in Ihrem Wörterbuch? Wie lauten jeweils die deutschen Bedeutungen? Bei mehreren Bedeutungen nennen Sie wenigstens die wichtigsten.

a) venditione
b) cumulant
c) adaugent
d) perniciosam
e) displiceret
f) temere
g) commonendi
h) tribulis
i) anseribus
j) cibaria
k) inludamur
l) oderitis
m) neutrumne
n) ostio
o) vosmet

Übung 29 Übersetzen Sie folgende Wortverbindungen bzw. Teilsätze. Insbesondere bei den unterstrichenen Wörtern bzw. Phrasen wird Ihnen das Wörterbuch eine Hilfe sein können.

a) audaciae <u>satellitem</u> atque <u>administrum</u> tuae
b) <u>Ubinam</u> <u>gentium</u> sumus?
c) <u>praeter</u> consuetudinem
d) magna et <u>perniciosa</u> <u>sentina</u> rei publicae
e) nota turpitudinis
f) <u>Superiora</u> illa, ut potui, tuli.
g) nescio quo pacto
h) Catilina <u>exhausto</u>
i) aetate iam <u>adfectum</u>

bung 30 Pro Murena 7

Sed me, iudices, non minus hominis sapientissimi atque *ornatissimi*, Ser. Sulpici, conquestio quam Catonis accusatio commovebat, qui **gravissime et acerbissime** se **ferre** dixit me familiaritatis **necessitudinisque** oblitum causam L. Murenae contra se defendere. Huic ego, iudices, satis facere cupio vosque adhibere **arbitros**. Nam cum grave est vere accusari in amicitia, tum, etiam si falso accuseris, non est neglegendum. Ego, Ser. Sulpici, me in **petitione** tua tibi omnia studia atque officia pro nostra necessitudine et debuisse confiteor et praestitisse arbitror. Nihil tibi consulatum petenti a me defuit, quod esset aut ab amico aut a **gratioso** aut a consule postulandum. Abiit illud tempus; mutata *ratio* est. Sic existimo, sic mihi persuadeo, me tibi contra honorem Murenae, quantum tu a me postulare ausus sis, tantum debuisse, contra salutem nihil debere.

a) Ermitteln Sie über die im Wörterbuch angegebene Grundform die Bedeutung der fett gedruckten Wörter/Redewendungen.

b) Stellen Sie mithilfe des Wörterbuches Vermutungen über die Bedeutung der kursiv gesetzten Wörter an der vorliegenden Stelle an. Achten Sie dabei auf den Kontext.

c) Die unterstrichenen Wörter sind von Ihnen in früheren Jahren vermutlich gelernt worden, möglicherweise ist Ihnen aber die spezielle Schreibung oder die hier auftauchende Form nicht geläufig. Finden Sie heraus, unter welcher Form im Wörterbuch hier am besten nachzuschlagen ist. Welche Form liegt jeweils im Text vor und wie lauten die wichtigsten Bedeutungen der betreffenden Wörter

9 Übersetzungstexte

Anhand der folgenden Texte aus Reden, Briefen sowie philosophischen Schriften Ciceros und Briefen des jüngeren Plinius können Sie das systematische Übersetzen gründlich trainieren. Die **Texte steigern sich im Schwierigkeitsgrad** und in der Länge.

Sie können folgende **Markierungen und Abkürzungen** verwenden.

- Unterstreichen Sie Prädikate, Prädikate der Hauptsätze doppelt.* Prädikatsnomina gehören zum Prädikat. Unterstreiche sie also entsprechend.
- Unterstricheln Sie Subjekte.*
- Kreisen sie nebensatzeinleitende Wörter ein; z. B. *cum* …, *qui* …
- Markieren Sie dunkelgrau Participia coniuncta, notieren Sie am Rand **P. C.**
- Markieren Sie hellgrau Ablativi absoluti, vermerken Sie am Rand **Abl. abs.**
- Markieren Sie mit dunkelgrünem Buntstift AcI und NcI, schreiben Sie an den Rand **AcI** oder **NcI**.
- Markieren Sie Gerundia und Gerundiva hellgrün, notieren Sie am Rand **Gerund** bzw. **Gerundiv**.
- Markieren Sie die Oratio obliqua jeweils mit geschweifter Klammer am Rand, vermerken Sie zusätzlich **Oratio obliqua**.
- Markieren Sie relative Satzanschlüsse durch einen nach links gerichteten Pfeil; z. B. Qui … und schreiben Sie an den Rand **relativer Satzanschluss (rel. SA)**.

Sie können selbstverständlich auch andere Phänomene am Rand vermerken, z. B. einen verschränkten Relativsatz (vs. RS) oder indirekten Fragesatz (ind. FS).
Natürlich können Sie auch eigene Markierungen wählen (z. B. unterschiedliche Farben). Verwenden Sie aber auch dann in allen Übungen für ein bestimmtes Phänomen dieselbe Markierung.

* Markieren Sie entsprechend in Passagen indirekter Rede im AcI die Prädikate (Infinitive) und Subjekte (Akkusative) der ursprünglichen Hauptsätze.

9.1 Cicero-Übersetzungstexte

bung 31 **Text 1: In Verrem II 1,53–54**

Cicero schildert zwei Beispiele für die Habgier des Verres, die sich in den Städten Aspendum und Perge abspielten:

Aspendum vetus oppidum et nobile in Pamphylia scitis esse, plenissimum signorum optimorum. Non dicam illinc hoc signum ablatum esse et illud. Hoc dico nullum te Aspendi signum, Verres, reliquisse, omnia ex fanis, ex locis publicis, palam, spectantibus omnibus, plaustris evecta exportataque esse. Atque etiam illum Aspendium citharistam[1] sustulit et in intimis suis aedibus posuit, ut etiam illum ipsum suo artificio superasse videatur.
Pergae fanum antiquissimum et sanctissimum Dianae scimus esse: Id quoque a te nudatum ac spoliatum esse, ex ipsa Diana, quod habebat auri, detractum atque ablatum esse dico. Quae est ista tanta audacia atque amentia! *97 lat. Wörter*

1 *Aspendius citharista:* gemeint ist ein damals bekanntes Kunstwerk, der „Leierspieler von Aspendum“

a) Kreisen Sie alle nebensatzeinleitenden Wörter (Subjunktionen, Relativpronomina, evtl. Fragewörter) ein und unterstreichen Sie alle Prädikate (das bzw. die des Hauptsatzes doppelt). Unterstricheln Sie die Subjekte. Was fällt Ihnen bzgl. der Satzstruktur auf?
Sie können Ihre Lösung vor Bearbeitung der Aufgabe b kontrollieren.

b) Untersuchen Sie, ob diese Strukturen im Text vorkommen: AcI (bzw. NcI), Participium coniunctum, Ablativus absolutus, nd-Formen (Gerundium und Gerundivum) und markieren Sie diese (Markierungsvorschläge S. 46). Welche grammatikalische Erscheinung durchzieht den gesamten Text?

c) Erstellen Sie nun die Übersetzung.

bung 32 **Text 2: In Verrem II 4,77**

Als besonderes Verbrechen empfanden die Sizilier die Plünderung des Diana-Standbildes in Segesta (Sizilien):

Repertum esse, iudices, scitote neminem, neque liberum neque servum, neque civem neque peregrinum, qui illud signum auderet attingere; barbaros quosdam Lilybaeo scitote adductos esse operarios; ii denique illud ignari totius negotii ac religionis mercede accepta sustulerunt. Quod cum ex oppido exportabatur, quem conventum mulierum factum esse arbitramini, quem fletum maiorum natu? Quorum non nulli etiam illum diem memoria tenebant, cum illa eadem Diana Segestam Carthagine revecta victoriam populi Romani reditu suo nuntiasset. Quam dissimilis hic dies illi tempori videbatur! Tum imperator populi Romani, vir clarissimus, deos patrios reportabat Segestanis ex urbe hostium recuperatos: nunc ex urbe sociorum praetor eiusdem populi turpissimus atque impurissimus eosdem illos deos nefario scelere auferebat. *109 lat. Wörter*

Die „Diana von Versailles". Römische Kopie aus dem 2. Jh. n. Chr. nach einem griechischen Original. Paris, Louvre Museum

a) Kreisen Sie alle nebensatzeinleitenden Wörter (Subjunktionen, Relativpronomina, evtl. Fragewörter) ein und unterstreichen Sie alle Prädikate (das bzw. die des Hauptsatzes doppelt). Unterstricheln Sie die Subjekte. Was fällt Ihnen auch bei diesem Text bzgl. der Satzstruktur auf?
Sie können Ihre Lösung vor Bearbeitung der Aufgabe b kontrollieren.

b) Untersuchen Sie, ob diese Strukturen im Text vorkommen: AcI (bzw. NcI), Participium coniunctum, Ablativus absolutus, nd-Formen (Gerundium und Gerundivum) und markieren Sie diese (Markierungsvorschläge S. 46).

c) Erstellen Sie nun die Übersetzung.

Übung 33 **Text 3: Pro Sexto Roscio 9 f.**

Der junge Sextus Roscius wird beschuldigt, seinen Vater getötet zu haben. Cicero geht jedoch davon aus, dass der Drahtzieher des Mordes der Sullagünstling Chrysogonus war, der Vater Roscius auf die Proskriptionslisten hatte setzen lassen und durch die Beschuldigung des Sohnes an das Vermögen des Ermordeten kommen wollte. Der junge Cicero ist bei der Verteidigung des Sohnes in einer prekären Lage, da er den Fall also in ein ganz anderes Licht rücken will, aber

Diktator Sulla selbst nicht mit diesen Machenschaften in Verbindung bringen darf. Er versucht die Richter zugänglich für sein Anliegen und seine Probleme zu stimmen:

His de rebus tantis tamque atrocibus neque satis me commode dicere neque satis graviter conqueri neque satis libere vociferari posse intellego. Nam commoditati ingenium, gravitati aetas, libertati tempora sunt impedimento. Huc accedit summus timor, quem mihi natura pudorque meus attribuit, et vestra dignitas et vis adversariorum et Sex. Rosci pericula. Quapropter vos oro atque obsecro, iudices, ut attente verba mea audiatis.
Fide sapientiaque vestra fretus plus oneris sustuli quam ferre me posse intellego. Hoc onus si vos aliqua ex parte adlevabitis, feram, ut potero, iudices; sin a vobis, id quod non spero, deserar, tamen animo non deficiam et id, quod suscepi, quoad potero, perferam. Quod si perferre non potero, opprimi me onere officii malo quam id, quod mihi semel impositum est, aut propter perfidiam abicere aut propter infirmitatem animi deponere. *133 lat. Wörter*

a) Kreisen Sie alle nebensatzeinleitenden Wörter (Subjunktionen, Relativpronomina, evtl. Fragewörter) ein und unterstreichen Sie alle Prädikate (das bzw. die des Hauptsatzes doppelt). Unterstricheln Sie die Subjekte. Sie können Ihre Lösung vor Bearbeitung der Aufgabe b kontrollieren.

b) Untersuchen Sie, ob und wo diese Strukturen im Text vorkommen: AcI (bzw. NcI), Participium coniunctum, Ablativus absolutus, nd-Formen (Gerundium und Gerundivum) und markieren Sie diese (Markierungsvorschläge S. 46).

c) Erstellen Sie nun die Übersetzung.

bung 34

Text 4: Oratio cum senatui gratias egit 36

Cicero ist soeben aus seinem 17 Monate währenden Exil zurückgekehrt. Er spricht nun allen, die an seiner Rückberufung mitgewirkt haben, seinen Dank aus und verkündet seinen Wiedereintritt in die Politik. Die Rede an den Senat wird einen Tag nach seiner Ankunft in Rom gehalten.

Quapropter, patres conscripti, quoniam in rem publicam sum pariter cum re publica restitutus, non modo in ea defendenda nihil minuam de libertate mea pristina, sed etiam adaugebo. Etenim si eam tum defendebam, cum mihi aliquid illa debebat, quid nunc me facere oportet, cum ego illi plurimum debeo? Nam quid est, quod animum meum frangere aut debilitare possit, cuius ipsam calamitatem non modo nullius delicti, sed etiam divinorum in rem publicam beneficiorum testem esse videatis? Nam importata est, quia defenderam civitatem, et mea voluntate suscepta est, ne a me defensa res publica per eundem me extremum in discrimen vocaretur. *98 lat. Wörter*

a) Kreisen Sie alle nebensatzeinleitenden Wörter (Subjunktionen, Relativpronomina, evtl. Fragewörter) ein und unterstreichen Sie alle Prädikate (das bzw. die des Hauptsatzes doppelt). Unterstricheln Sie die Subjekte, soweit ausdrücklich genannt. Sollten Sie sich über die Satzstruktur dann noch nicht im Klaren sein, so bearbeiten Sie den Text nach der Einrückmethode. Sie können Ihre Lösung vor Bearbeitung der Aufgabe b kontrollieren.

b) Untersuchen Sie, ob diese Strukturen im Text vorkommen: AcI (bzw. NcI), Participium coniunctum, Ablativus absolutus, nd-Formen (Gerundium und Gerundivum) und markieren Sie diese (Markierungsvorschläge S. 46).

c) Prüfen Sie, ob es sich bei den von Ihnen ggf. entdeckten nd-Formen um Gerundium oder Gerundivum handelt. Überlegen Sie bei der/den Gerundivkonstruktion(en), ob bereits ohne Übersetzung die Verwendungsweise erschließbar ist.

d) Erklären Sie, möglichst noch ohne Übersetzung, den Modusgebrauch bei *possit* (Z. 5) und *videatis* (Z. 7). Wenn Sie unsicher sind, können Sie Ihre Lösung vor Bearbeitung der Aufgabe e kontrollieren.

e) Erstellen Sie nun die Übersetzung. Überlegen Sie bei der Arbeit an Satz 3 genau, welches (lateinische bzw. deutsche) Wort sinngemäß vor *cuius* (Z. 5) einzusetzen ist.

Übung 35 Text 5: Phil. XII 30

Anhänger des Antonius haben neue Verhandlungen gefordert. Auch Cicero soll ursprünglich unter den Mitgliedern einer Gesandtschaft an ihn sein. Doch nach der Unzufriedenheit mehrerer offensichtlich beteiligter Personen erklärt auch Cicero sich außerstande, mit Antonius zu verhandeln:

Haec quoque tanta pericula si effugero, satisne tutum reditum putatis fore? Cum enim et vestram auctoritatem meo more defendero et meam fidem rei publicae constantiamque praestitero, tum erunt mihi non ii solum, qui me oderunt, sed illi etiam, qui invident, extimescendi. Custodiatur igitur vita mea rei publicae eaque, quoad vel dignitas vel natura patietur, patriae reservetur; mors aut necessitatem habeat fati aut, si ante oppetenda est, oppetatur cum gloria. Haec cum ita sint, etsi hanc legationem res publica, ut levissime dicam, non desiderat, tamen, si tuto licebit ire, proficiscar. Omnino, patres conscripti, totum consilium non meo periculo, sed utilitate rei publicae metiar. De qua mihi, quoniam liberum est spatium, multum etiam atque etiam considerandum puto idque potissimum faciendum, quod maxime interesse rei publicae iudicaro.

127 lat. Wörter

a) Kreisen Sie alle nebensatzeinleitenden Wörter (Subjunktionen, Relativpronomina, evtl. Fragewörter) ein und unterstreichen Sie alle Prädikate (das bzw. die des Hauptsatzes doppelt). Unterstricheln Sie die Subjekte. Sollten Sie sich über die Struktur einzelner Sätze dann noch nicht im Klaren sein, so bearbeiten Sie diese nach der Einrückmethode. Sie können Ihre Lösung vor Bearbeitung der Aufgabe b kontrollieren.

b) Untersuchen Sie, ob und wo diese Strukturen im Text vorkommen: AcI (bzw. NcI), Participium coniunctum, Ablativus absolutus, nd-Formen (Gerundium und Gerundivum) und markieren Sie diese (siehe S. 46).

c) Überlegen Sie bei den Gerundivkonstruktionen, ob bereits ohne Übersetzung die Verwendungsweise erschließbar ist.

d) Überlegen Sie, welche grammatikalische Besonderheit in dem letzten Teilsatz *quod maxime* ... (Z. 11 f.) vorliegt. Worin unterscheidet sich wohl hiervon die Verwendung des Relativpronomens *qua* am Anfang des Satzes?

e) Erstellen Sie nun die Übersetzung.

bung 36

Text 6: Pro Sestio 40 (= 86)

Cicero verteidigt den Volkstribunen Sestius, der belangt wurde, während seiner Amtszeit mit Banden die öffentliche Ordnung gestört zu haben. Für Cicero ist es jedoch offensichtlich, dass Sestius und sein Amtskollege Milo lediglich Gegenwehr gegen die Umtriebe des Bandenchefs Clodius und seiner Leute geleistet haben.

Et tu hoc loco laudas Milonem et iure laudas. Quem enim umquam virum tam immortali virtute vidimus? Qui nullo praemio proposito praeter hoc, quod iam contritum et contemptum putatur, iudicium bonorum, omnia pericula, summos labores, gravissimas contentiones inimicitiasque suscepit; qui mihi unus ex omnibus civibus videtur re docuisse, non verbis, et quid oporteret a praestantibus viris in re publica fieri et quid necesse esset: oportere hominum audacium, eversorum rei publicae, sceleri legibus et iudiciis resistere; si leges non valerent, iudicia non essent, si res publica armis oppressa teneretur, praesidio et copiis defendi vitam et libertatem necesse esse. Hoc sentire prudentiae est, facere fortitudinis; et sentire vero et facere perfectae cumulataeque virtutis.

113 lat. Wörter

a) Kreisen Sie alle nebensatzeinleitenden Wörter (Subjunktionen, Relativpronomina, evtl. Fragewörter) ein und unterstreichen Sie alle Prädikate (das bzw. die des Hauptsatzes doppelt). Unterstricheln Sie die Subjekte. Sollten Sie sich über die Struktur einzelner Sätze dann noch nicht im Klaren sein, so bearbeiten Sie diese nach der Einrückmethode.
Sie können Ihre Lösung vor Bearbeitung der Aufgabe b kontrollieren.

b) Untersuchen Sie, ob und wo diese Strukturen im Text vorkommen: AcI (bzw. NcI), Participium coniunctum, Ablativus absolutus, nd-Formen (Gerundium und Gerundivum) und markieren Sie diese (Markierungsvorschläge S. 46).

c) Achten Sie besonders darauf, welches grammatikalische Phänomen ab *oportere* (Z. 6) vorliegt.

d) Erstellen Sie nun die Übersetzung.

Übung 37

Text 7: Sokrates über den Tod (Tusc. I 72)

Wiewohl zum Tod verurteilt wollte der Philosoph Sokrates nicht aus dem Kerker fliehen, als sich für ihn diese Möglichkeit ergab. Als er den Giftbecher in der Hand hielt, schien es so, als wolle er zum Himmel aufsteigen – so referiert dies Cicero:

Neuzeitliche Sitzstatue des griechischen Philosophen Sokrates (470–399 v. Chr.) vor der Akademie der Wissenschaften in Athen

Ita enim censebat itaque disseruit duas esse vias duplicesque cursus animorum e corpore excedentium: nam qui se humanis vitiis contaminavissent et se totos libidinibus dedissent, quibus caecati vel domesticis vitiis atque flagitiis se inquinavissent vel re publica violanda fraudes[1] inexpiabiles concepissent, iis devium quoddam iter esse seclusum a concilio deorum; qui autem se integros castosque servavissent essentque in corporibus humanis vitam imitati deorum, iis ad illos, a quibus essent profecti, reditum facilem patere.

77 lat. Wörter

1 Wählen Sie hier die allgemeinste Bedeutung.

a) Kreisen Sie alle nebensatzeinleitenden Wörter (Subjunktionen, Rela nomina, evtl. Fragewörter) ein und unterstreichen Sie alle Prädikate (das bzw. die des Hauptsatzes doppelt). Unterstricheln Sie die Subjekte. Sollten Sie sich über die Struktur einzelner Sätze dann noch nicht im Klaren sein, so bearbeiten Sie diese nach der Einrückmethode.
Sie können Ihre Lösung vor Bearbeitung der Aufgabe b kontrollieren.

b) Untersuchen Sie, ob und wo diese Strukturen im Text vorkommen: AcI (bzw. NcI), Participium coniunctum, Ablativus absolutus, nd-Formen (Gerundium und Gerundivum) und markieren Sie diese (Markierungsvorschläge S. 46).
Sie können Ihre Lösung vor der Übersetzung kontrollieren.

c) Welche grammatikalische Erscheinung prägt ab *nam* (Z. 3) den Text?

d) Erstellen Sie nun die Übersetzung.

bung 38

Text 8: Die Krankheiten der Seele (Tusc. III 3)

Cicero stellt in folgendem Text Überlegungen über seelische Krankheit und die Heilung davon an:

At et morbi perniciosiores pluresque sunt animi quam corporis – hi enim ipsi odiosi sunt, quod ad animum pertinent eumque sollicitant –, „animusque aeger“, ut ait Ennius[1], „semper errat neque pati neque perpeti potest, cupere numquam desinit.“ Quibus duobus morbis, ut omittam alios, aegritudine et cupiditate, qui tandem possunt in corpore esse graviores? Qui vero probari potest, ut sibi mederi animus non possit, cum ipsam medicinam corporis animus invenerit, cumque ad corporum sanationem multum ipsa corpora et natura valeat, nec omnes, qui curari se passi sint, continuo etiam convalescant, animi autem, qui se sanari voluerint praeceptisque sapientium paruerint, sine ulla dubitatione sanentur?

105 lat. Wörter

1 Ennius, - i: Quintus Ennius, 239–169 v. Chr., röm. Schriftsteller (v. a. Dramatiker und Epiker), Vermittler griech. Literatur, oft als Vater der römischen Poesie bezeichnet

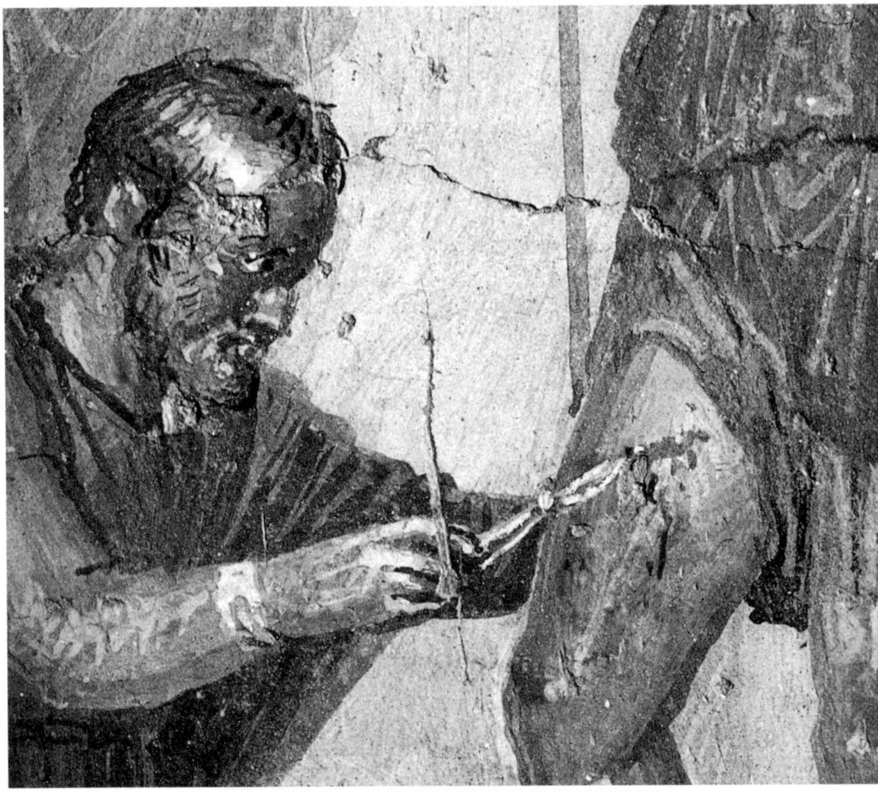

Der Arzt Iapyx versucht, eine Pfeilspitze aus dem Schenkel des Aeneas zu entfernen (Vergil, *Aeneis* XII 383–429). Römisches Fresko aus der *Casa di Sirico* in Pompeji. Neapel, Archäologisches Nationalmuseum

a) Kreisen Sie alle nebensatzeinleitenden Wörter (Subjunktionen, Relativpronomina, evtl. Fragewörter) ein, unterstreichen Sie alle Prädikate (das bzw. die des Hauptsatzes doppelt.) und unterstrichen Sie die Subjekte, sofern vorhanden. Bearbeiten Sie dann den Text nach der Einrückmethode. Sie können ihre Lösung vor Bearbeitung der Aufgabe b kontrollieren.

b) Untersuchen Sie, ob diese Strukturen im Text vorkommen: AcI (bzw. NcI), Participium coniunctum, Ablativus absolutus, „nd" – Formen (Gerundium und Gerundivum) und markieren Sie sie ggf. (Vorschläge siehe S. 46).

c) Überlegen Sie aufgrund des Charakters des Hauptsatzes, zu welcher Wortart *qui* in Satz 2 und Satz 3 gehören muss und wie *quibus* am Anfang von Satz 2 zu übersetzen ist. Sie können ihre Lösung vor der Übersetzung kontrollieren.

d) Erstellen Sie nun die Übersetzung.

Übung 39

Text 9: Ad familiares I 6

Die Briefe 1–10 des ersten Buches ad familiares richtete Cicero an P. Lentulus Spinther, den Konsul des Jahres 57 v. Chr., der sich in diesem Amt engagiert für Ciceros Rückkehr aus der Verbannung eingesetzt hatte. Gegen Ende seines Konsulatsjahres führte er einen Senatbeschluss herbei, nach welchem der ägyptische König Ptolemaeus XII. Auletes in sein Reich zurückgeführt werden sollte. Dieser war nach Rom geflohen, wo ihn Pompeius in sein Haus aufgenommen hatte, in der Annahme, er werde ihn nach Ägypten zurückbringen müssen und dadurch ein Armee- und Flottenkommando erhalten. Lentulus wollte die Situation für sich ausnützen und das Geschäft an sich ziehen – Ptolemaeus Auletes hatte an Caesar und Pompeius hohe Summen gezahlt, um als König anerkannt zu werden. Kaum aber war Lentulus in seine Provinz abgereist, in der er als Getreidekommissar fungieren sollte, als sich politische Gegner des Lentulus etwas eben Geschehenes zunutze machten: Ein Blitz hatte eine Jupiterstatue umgeworfen, man befragte die sibyllinischen Bücher und dort las man angeblich den – vermutlich gerade für diesen Zweck erfundenen – Spruch heraus, es werde vor der Unterstützung eines Ägypterkönigs gewarnt. Dieser Fall wurde vor den Senat gebracht …

M. CICERO S. D. P. LENTULO PROCOS.

Quae gerantur, accipies ex Pollione, qui omnibus negotiis non interfuit solum, sed praefuit. Me in summo dolore, quem [in] tuis rebus capio, maxime scilicet consolatur spes, quod valde suspicor fore, ut infringatur hominum improbitas et consiliis tuorum amicorum et ipsa die, quae debilitat cogitationes et inimicorum et proditorum tuorum; facile secundo loco me consolatur recordatio meorum temporum, quorum imaginem video in rebus tuis, nam, etsi minore in re violatur tua dignitas, quam mea afflicta est, tamen est tanta similitudo, ut sperem te mihi ignoscere, si ea non timuerim, quae ne tu quidem umquam timenda duxisti. Sed praesta te eum, qui mihi a teneris, ut Graeci dicunt, unguiculis es cognitus: illustrabit, mihi crede, tuam amplitudinem hominum iniuria. A me omnia summa in te studia officiaque exspecta: non fallam opinionem tuam.

130 lat. Wörter

a) Kreisen Sie alle nebensatzeinleitenden Wörter (Subjunktionen, Relativpronomina, evtl. Fragewörter) ein und unterstreichen Sie alle Prädikate (das bzw. die des Hauptsatzes doppelt). Unterstricheln Sie die Subjekte.
Sie können Ihre Lösung vor Bearbeitung der Aufgabe b kontrollieren.

b) Untersuchen Sie, ob diese Strukturen im Text vorkommen: AcI (bzw. NcI), Participium coniunctum, Ablativus absolutus, nd-Formen (Gerundium und Gerundivum) und markieren Sie diese (Markierungsvorschläge S. 46).

c) Erstellen Sie nun die Übersetzung.

Übung 40

Text 10: Ad familiares II 4

C. Scribonius Curio, Sohn des gleichnamigen Konsuls des Jahres 76, ein eher ausschweifender, politisch nicht unbedingt verlässlicher, auch verschuldeter junger Mann, war im Jahr 53 Quästor in der Provinz Asia. Dorthin schreibt ihm Cicero – zu einem Zeitpunkt, als in Rom großes politisches Durcheinander herrschte, sodass es z. B. auch erst im Sommer zu den Konsulatswahlen kam.

M. CICERO S. D. CURIONI

Epistularum genera multa esse non ignoras, sed unum illud certissimum, cuius causa inventa res ipsa est, ut certiores faceremus absentis[1], si quid esset, quod eos scire aut nostra aut ipsorum interesset. Huius generis litteras a me profecto non exspectas. Tuarum enim rerum domesticos habes et scriptores[2] et nuntios, in meis autem rebus nihil est sane novi. Reliqua sunt epistularum genera duo, quae me magno opere delectant, unum familiare et iocosum, alterum severum et grave. Utro me minus deceat uti, non intellego. Iocerne tecum per litteras? Civem mehercule non puto esse, qui temporibus his ridere possit. An gravius aliquid scribam? Quid est, quod possit graviter a Cicerone scribi ad Curionem nisi de re publica? Atqui in hoc genere haec mea causa est, ut neque ea, quae sentio, audeam neque ea, quae non sentio, velim scribere. *134 lat. Wörter*

1 *agros absentis = absentes*
2 *scriptor, -oris, m.:* hier: Briefpartner, Korrespondent

Nachbildung einer römischen Wachstafel mit drei Griffeln.

a) Kreisen Sie alle nebensatzeinleitenden Wörter (Subjunktionen, Relativpronomina, evtl. Fragewörter) ein und unterstreichen Sie alle Prädikate (das bzw. die des Hauptsatzes doppelt). Unterstricheln Sie die Subjekte. Sollten Sie sich über die Struktur einzelner Sätze dann noch nicht im Klaren sein, so bearbeiten Sie diese nach der Einrückmethode (unnötig ist dies bei den Sätzen 2, 3, 6 und 8).
Sie können Ihre Lösung vor Bearbeitung der Aufgabe b kontrollieren.

b) Untersuchen Sie, ob diese Strukturen im Text vorkommen: AcI (bzw. NcI), Participium coniunctum, Ablativus absolutus, nd-Formen (Gerundium und Gerundivum) und markieren Sie diese (Markierungsvorschläge S. 46). Was fällt Ihnen hierbei auf?

c) Erklären Sie – noch ohne den Text tatsächlich übersetzt zu haben – den Modusgebrauch bei *esset* (Z. 2), *interesset* (Z. 3) sowie bei *deceat*, *iocer* (Z. 7), *possit* (Z. 8, Z. 9) und *scribam* (Z. 9). Begründen Sie ihre Vermutung.
Sie können Ihre Lösungen für die Aufgaben b und c bei Bedarf vor der Übersetzung einsehen.

d) Erstellen Sie nun die Übersetzung.

9.2 Plinius-Übersetzungstexte

Übung 41

Text 1: Ep. X 51

Porträtbüste des Kaisers Trajan. Rom, Kapitolinische Museen

Plinius dankt Kaiser Trajan (reg. 98–117 n. Chr.) für einen besonderen Gunsterweis.

C. PLINIUS TRAIANO IMPERATORI

Difficile est, domine, exprimere verbis, quantam perceperim laetitiam, quod et mihi et socrui meae praestitisti, ut affinem eius Caelium Clementem in hanc provinciam transferres. Ex illo enim et mensuram beneficii tui penitus intellego, cum tam plenam indulgentiam cum tota domo mea experiar, cui referre gratiam parem ne audeo quidem, quamvis maxime possim. Itaque ad vota confugio deosque precor, ut iis, quae in me assidue confers, non indignus existimer.

69 lat. Wörter

a) Kreisen Sie alle nebensatzeinleitenden Wörter (Subjunktionen, Relativpronomina, evtl. Fragewörter) ein und unterstreichen Sie alle Prädikate (das bzw. die des Hauptsatzes doppelt). Unterstricheln Sie die Subjekte. Was fällt Ihnen bei dem Versuch, die Subjekte zu kennzeichnen, auf? Sollten Sie sich über die Satzstruktur noch nicht im Klaren sein, so bearbeiten Sie die betreffenden Sätze nach der Einrückmethode.
Sie können Ihre Lösung vor Bearbeitung der Aufgabe b kontrollieren.

b) Was stellen Sie bezüglich des Vorhandenseins folgender Strukturen im Text fest: AcI bzw. NcI, Participium coniunctum, Ablativus absolutus, nd-Formen (Gerundium und Gerundivum)?

c) Bestimmen Sie Genus und Numerus von *illo* (Z. 5) und *iis* (Z. 10). Begründen Sie Ihre Annahme. Wenn Sie unsicher sind, können Sie Ihre Lösung vor Bearbeitung der Aufgabe d kontrollieren.

d) Erstellen Sie nun die Übersetzung.

Übung 42

Text 2: Ep. IX 35

C. PLINIUS ATRIO SUO S.

Librum, quem misisti, recepi et gratias ago. Sum tamen hoc tempore occupatissimus. Ideo nondum eum legi, cum alioqui valdissime cupiam. Sed eam reverentiam cum litteris ipsis tum scriptis tuis debeo, ut sumere illa nisi vacuo animo irreligiosum putem. Diligentiam tuam in retractandis operibus valde probo. Est tamen aliquis modus, primum quod nimia cura deterit magis quam emendat, deinde quod nos a recentioribus revocat simulque nec absolvit priora et incohare posteriora non patitur. Vale.

74 lat. Wörter

a) Kreisen Sie alle nebensatzeinleitenden Wörter (Subjunktionen, Relativpronomina, evtl. Fragewörter) ein und unterstreichen Sie alle Prädikate (das bzw. die des Hauptsatzes doppelt.) Unterstricheln Sie die Subjekte, soweit ausdrücklich genannt.
Was fällt ihnen bzgl. der Struktur der meisten Sätze auf?

b) Bestimmen Sie die Konstruktion bei *in retractandis operibus.*

c) Erklären Sie die Formen *occupatissimus* (Satz 2) und *valdissime* (Satz 3). Wenn Sie unsicher sind, können Sie Ihre Lösung vor Bearbeitung der Aufgabe d kontrollieren.

d) Erstellen Sie nun die Übersetzung.

Übung 43 **Text 3: Ep. VII 26**

C. PLINIUS MAXIMO SUO S.

Nuper me cuiusdam amici languor admonuit optimos esse nos, dum infirmi sumus. Quem enim infirmum aut avaritia aut libido sollicitat? Non amoribus servit, non appetit honores, opes neglegit. Tunc deos, tunc hominem esse se meminit, invidet nemini, neminem miratur, neminem despicit ac ne sermonibus quidem malignis aut attendit aut alitur: balinea imaginatur et fontes. Haec summa curarum, summa votorum, mollemque et pinguem, hoc est innoxiam beatamque destinat vitam. Possum ergo, quod plurimis verbis, plurimis etiam voluminibus philosophi docere conantur, ipse breviter tibi mihique praecipere, ut tales esse sani perseveremus, quales nos futuros profitemur infirmi. Vale. *98 lat. Wörter*

a) Kreisen Sie alle nebensatzeinleitenden Wörter (Subjunktionen, Relativpronomina, evtl. Fragewörter) ein und unterstreichen Sie alle Prädikate (das bzw. die des Hauptsatzes doppelt.) Unterstricheln Sie die Subjekte, soweit ausdrücklich genannt. Was fällt ihnen bzgl. der Struktur der meisten Sätze auf? Die Lösung können Sie, falls unbedingt notwendig, vor Bearbeitung der Aufgabe b einsehen, sollten aber nach allen Vorübungen nach Möglichkeit ohne diese weiterarbeiten können.

b) Untersuchen Sie, ob diese Strukturen im Text vorkommen: AcI (bzw. NcI), Participium coniunctum, Ablativus absolutus, nd-Formen (Gerundium und Gerundivum) und markieren Sie diese (Markierungsvorschläge S. 46).

c) Erläutern Sie die Form *possum* (Z. 7) zu Beginn des letzten Satzes.

d) Übersetzen Sie nun den Text ins Deutsche.

Übung 44 **Text 4: Ep. X 70 (gekürzt)**

Plinius wendet sich als Provinzstatthalter wegen eines geplanten Bauvorhabens an Kaiser Trajan:

C. PLINIUS TRAIANO IMPERATORI

Quaerenti mihi, domine, Prusae[1] ubi posset balineum, quod indulsisti, fieri, placuit locus in quo fuit aliquando domus, ut audio, pulchra, nunc deformis ruinis. Per hoc enim consequemur, ut foedissima facies civitatis ornetur atque etiam ut ipsa civitas amplietur. Domus tota collapsa est ac iam paene nihil ex ea nisi solum superest; quod tu, domine, sive donaveris civitati sive venire iusseris, propter opportunitatem loci pro summo munere accipiet. Ego, si permiseris, cogito in area vacua balineum collocare, eum autem locum, in quo aedificia fuerunt, exedra[2] et porticibus amplecti atque tibi consecrare.

90 lat. Wörter

1 *Prusa, -ae,* f.: Prusa; das heutige Bursa (viertgrößte Stadt der heutigen Türkei)
2 *exedra, -ae:* halbrunder Anbau eines Gebäudes

a) Kreisen Sie alle nebensatzeinleitenden Wörter (Subjunktionen, Relativpronomina, evtl. Fragewörter) ein und unterstreichen Sie alle Prädikate (das bzw. die des Hauptsatzes doppelt.) Unterstricheln Sie die Subjekte, soweit ausdrücklich genannt.
Sollten Sie sich über die Struktur einzelner Sätze dann noch nicht im Klaren sein, so bearbeiten Sie diese nach der Einrückmethode.

b) Untersuchen Sie, ob diese Strukturen im Text vorkommen: AcI (bzw. NcI), Participium coniunctum, Ablativus absolutus, „nd“ – Formen (Gerundium und Gerundivum) und markieren Sie diese (Markierungsvorschläge S. 46). Wenn Sie unsicher sind, können Sie Ihre Lösung vor Bearbeitung der Aufgabe c kontrollieren.

c) Erstellen Sie nun die Übersetzung.

Übung 45 **Text 5: Ep. IV 1 (leicht gekürzt)**

Plinius schreibt an seinen Schwiegergroßvater Fabatus, der seinen Besuch erwartet. Doch zuvor rufen Plinius andere Pflichten …

Ein lange erwarteter Besuch

Cupis post longum tempus neptem tuam meque una videre. Gratum est utrique nostrum, quod cupis, mutuo mehercule. Nam invicem nos incredibili quodam desiderio vestri tenemur, quod non ultra differemus. Erit una, sed brevis mora: deflectemus in Tuscos[1], non ut agros remque familiarem oculis subiciamus – id enim postponi potest –, sed ut fungamur necessario officio. Oppidum est praediis nostris vicinum, quod me paene adhuc puerum patronum cooptavit.
Adventus meos celebrat, profectionibus angitur, honoribus gaudet. In hoc ego, ut referrem gratiam, templum pecunia mea exstruxi, cuius dedicationem, cum sit paratum, differre longius irreligiosum est. Erimus ergo ibi dedicationis die, quem epulo celebrare constitui. Subsistemus fortasse et sequenti, sed tanto magis viam ipsam corripiemus. Contingat modo te filiamque tuam fortes invenire! Nam continget hilares, si nos incolumes receperitis. Vale. *128 lat. Wörter*

1 *Tuscos:* Ergänzen Sie *agros.*

a) Kreisen Sie alle nebensatzeinleitenden Wörter ein, unterstreichen Sie alle Prädikate (das bzw. die des Hauptsatzes doppelt.) und unterstricheln Sie die Subjekte. Sollten Sie sich über die Satzstruktur dann noch nicht im Klaren sein, so bearbeiten Sie Satz 7 (Z. 8–10) nach der Einrückmethode. Sie können ihre Lösung vor Bearbeitung der Aufgabe b kontrollieren.

b) Was stellen Sie bezüglich des Vorhandenseins folgender Strukturen im Text fest: AcI bzw. NcI, Participium coniunctum, Ablativus absolutus, nd-Formen (Gerundium und Gerundivum)?

c) Erstellen Sie nun die Übersetzung. Überlegen Sie beim Nachschlagen im Wörterbuch genau die Wortbedeutung von *corripiemus* (Z. 12), von *fortes* (Z. 12) und die gedanklich nötigen Wortergänzungen in dem verkürzten Hauptsatz des letzten Satzgefüges: *Nam continget hilares ...*

Übung 46 Text 6: Ep. I 13

Magnum proventum poetarum annus hic attulit: toto mense Aprili nullus fere dies, quo non recitaret aliquis. Iuvat me, quod vigent studia, proferunt se ingenia hominum et ostentant, tametsi ad audiendum pigre coitur. Plerique in stationibus sedent tempusque audiendi fabulis conterunt. Lente cunctanterque veniunt, nec tamen permanent, sed ante finem recedunt, alii dissimulanter et furtim, alii simpliciter et libere. At hercule memoria parentum Claudium Caesarem ferunt, cum in Palatio spatiaretur audissetque clamorem, causam requisisse, cumque dictum esset recitare Nonianum, subitum recitanti inopinatumque venisse. Nunc otiosissimus quisque multo ante rogatus et identidem admonitus aut non venit aut, si venit, queritur se diem – quia non perdidit – perdidisse.

Sed tanto magis laudandi probandique sunt, quos a scribendi recitandique studio haec auditorum vel desidia vel superbia non retardat. Equidem prope nemini defui. Vale.

135 lat. Wörter

Claudius Caesar: Kaiser Claudius (regierte 41–54 n. Chr.)
Nonianus: evtl. der Historiker Servilius Nonianus (gest. 59 n. Chr.)

a) Kreisen Sie alle nebensatzeinleitenden Wörter ein und unterstreichen Sie alle Prädikate (das bzw. die des Hauptsatzes doppelt.) Unterstricheln Sie die Subjekte. Sollten Sie sich über die Struktur einzelner Sätze dann noch nicht im Klaren sein, so bearbeiten Sie diese nach der Einrückmethode. Besonders empfiehlt sich dies bei Satz 5 (Z. 6–9).
Sie können Ihre Lösung vor Bearbeitung der Aufgabe b kontrollieren.

b) Untersuchen Sie, ob diese Strukturen im Text vorkommen: AcI (bzw. NcI), Participium coniunctum, Ablativus absolutus, nd-Formen (Gerundium und Gerundivum) und markieren Sie diese (Markierungsvorschläge S. 46).

c) Prüfen Sie, ob es sich bei den von Ihnen ggf. entdeckten nd-Formen um Gerundium oder Gerundivum handelt. Überlegen Sie bei den Gerundivkonstuktionen, ob bereits ohne Übersetzung die Verwendungsweise erschließbar ist.

d) Wie unterscheiden sich die Verbformen in den Relativsätzen in Satzgefüge 1 und in Satz 7? Wie ist dieser Unterschied zu erklären? Inwiefern ist er in der Übersetzung zu berücksichtigen? Wenn Sie unsicher sind, können Sie Ihre Lösung vor Bearbeitung der Aufgabe e kontrollieren.

e) Erstellen Sie nun die Übersetzung.

Übung 47

Text 7: Ep. I 10

Plinius rühmt gegenüber seinem Briefpartner Attius Clemens die Vorzüge des Philosophen Euphrates.

C. PLINIUS ATTIO CLEMENTI SUO S.

Hunc ego in Syria, cum adulescentulus militarem, penitus et domi inspexi amarique ab eo laboravi, etsi non erat laborandum. Est enim obvius et expositus plenusque humanitate, quam praecipit. Multa in Euphrate sic eminent et elucent, ut mediocriter quoque doctos advertant et afficiant. Disputat subtiliter, graviter, ornate. Sermo est copiosus et varius, dulcis in primis, et qui repugnantes quoque ducat, impellat. Vitae sanctitas summa, comitas par: insectatur vitia, non homines, nec castigat errantes, sed emendat. Sequaris monentem attentus et pendens, et persuaderi tibi, etiam cum persuaserit, cupias. Quamquam quid ego plura de viro, quo mihi frui non licet? Nam distringor officio, ut maximo sic molestissimo: sedeo pro tribunali, subnoto libellos, conficio tabulas, scribo plurimas, sed illitteratissimas litteras. Soleo nonnumquam de his occupationibus apud Euphraten queri. Ille me consolatur, affirmat etiam esse hanc philosophiae et quidem pulcherrimam partem, agere negotium publicum, cognoscere, iudicare, promere et exercere iustitiam, quaeque ipsi doceant, in usu habere. Mihi tamen hoc unum non persuadet satius esse ista facere, quam cum illo dies totos audiendo discendoque consumere. Quo magis te, cui vacat, hortor, cum in urbem proxime veneris, illi te expoliendum limandumque permittas.
Vale.

190 lat. Wörter

a) Kreisen Sie alle nebensatzeinleitenden Wörter (Subjunktionen, Relativpronomina, evtl. Fragewörter) ein und unterstreichen Sie alle Prädikate (das bzw. die des Hauptsatzes doppelt). Unterstricheln Sie die Subjekte, soweit ausdrücklich genannt. Die Satzstrukur sollte Ihnen in der Regel klar sein. Beim letzten Satz empfiehlt sich bei Bedarf eine Satzanalyse.
Sie können Ihre Lösung vor Bearbeitung der Aufgabe b kontrollieren.

b) Untersuchen Sie, ob bzw. wo diese Strukturen im Text vorkommen: AcI (bzw. NcI), Participium coniunctum, Ablativus absolutus, nd-Formen (Gerundium und Gerundivum) und markieren Sie diese (Markierungsvorschläge S. 46).

c) Prüfen Sie, ob es sich bei den von Ihnen ggf. entdeckten nd-Formen um Gerundium oder Gerundivum handelt. Überlegen Sie bei den Gerundivkonstuktionen, ob bereits ohne Übersetzung die Verwendungsweise erschließbar ist.

d) Wie ist der Modusgebrauch in den Nebensätzen *qui repugnantes quoque ducat, impellat* (Z. 6) und *quaeque ipsi doceant* (Z. 15), wie der Modus von *sequaris* (Z. 8) zu erklären? Wenn Sie unsicher sind, können Sie Ihre Lösung vor Bearbeitung der Aufgabe e kontrollieren.

e) Erstellen Sie nun die Übersetzung.

Mosaikfußboden aus Pompeji mit der Darstellung einer Philosophenschule (1. Jh. n. Chr.).
Neapel, Archäologisches Nationalmuseum

10 Übungen zu Ovid

Übung 48 Wegen der häufigen Sperrung von Nomina und den darauf bezogenen Wörtern, v. a. Adjektiven, aber auch Pronomina und Partizipien ist es nötig, in der Kasusbildung der verschiedenen Deklinationen und bzgl. des Genus einzelner Substantivklassen gut Bescheid zu wissen bzw. gezielt nachzuschlagen. Verbinden Sie in folgenden Beispielen das Nomen immer mit der einzig passenden der darauf folgenden Formen:

a) numen:	memorabilis	memorabile	memorabilem
b) ad sedes:	inferos	inferis	inferas
c) vires:	magnas	magnos	magni
d) pars:	ullus	ulla	ullius
e) aetas:	meus	meae	mea
f) imagine:	posite	posita	posito
g) montes:	ignotos	ignotis	ignotae
h) matris:	opacae	opacis	opaci
i) vestes:	cinctae	cinctos	cincti
j) populi:	memori	memoris	memoribus
k) vulnus:	grave	gravis	gravior
l) aeris:	acutis	acutae	acuti

Übung 49 Wegen der häufigen Hyperbata sollten Sie in der Kasusbildung der verschiedenen Deklinationen und hinsichtlich des Genus einzelner Substantivklassen Sicherheit besitzen. Doch auch rasches Kombinieren und Schnelligkeit beim Nachschlagen im Lexikon ist gefragt. Verbinden Sie in der folgenden Vorübung jeweils die Nomina mit dem passenden Adjektiv (z. B.: Z 1).

A carcere	1 tepido
B fletu	2 maternae
C cautes	3 modestos
D linguae	4 latum
E vultus	5 aeterno
F aequor	6 duras

Verbinden Sie nun jeweils die Nomina mit dem passenden Adjektiv oder Partizip (z. B.: Z 1).

G	aere	7	solidae
H	molis	8	horrentia
I	pennis	9	longi
J	saxa	10	geminas
K	somnus	11	iacentem
L	cursus	12	repercusso
M	sorores	13	gravis
N	locum	14	iactatis

Verbinden Sie abschließend jeweils die Nomina mit dem passenden Adjektiv, Partizip oder Pronomen (z. B.: Z 1).

O	pisces	15	isdem (iisdem)
P	in scopulis	16	moderante
Q	portus	17	isto
R	saltus	18	nostris
S	in corpore	19	salientes
T	laboribus	20	illa
U	caede	21	totum
V	dextra	22	leves
W	domus	23	dira
X	agmen	24	aptos

Übung 50 Kennzeichnen Sie – ohne den Text zu übersetzen – in der folgenden Passage aus Ovids Metamorphosen so viele sich aufeinander beziehende Wörter (Substantiv – Adjektiv, Substantiv – Pronomen, Substantiv – Partizip ..., auch Prädikatsnomina) wie möglich durch Strichverbindungen. Das Wörterbuch kann Ihnen dabei gegebenenfalls eine Hilfe sein.

Der Raub der Proserpina (Met. V 385 ff.)
Teil A

Haud procul Hennaeis lacus est a moenibus altae
nomine Pergus, aquae: Non illo plura Caystros
carmina cycnorum labentibus audit in undis.
Silva coronat aquas cingens latus omne suisque

frondibus ut velo Phoebeos submovet ictus;
frigora dant rami, Tyrios humus umida flores:
perpetuum ver est. Quo dum Proserpina luco
ludit et aut violas aut candida lilia carpit,
dumque puellari studio calathosque sinumque
inplet et aequales certat superare legendo,
paene simul visa est dilectaque raptaque Diti:

Teil B

Usque adeo est properatus amor. Dea territa maesto
et matrem et comites, sed matrem saepius, ore
clamat, et ut summa vestem laniarat ab ora,
collecti flores tunicis cecidere remissis,
tantaque simplicitas puerilibus adfuit annis,
haec quoque virgineum movit iactura dolorem.
Raptor agit currus et nomine quemque vocando
exhortatur equos, quorum per colla iubasque
excutit obscura tinctas ferrugine habenas,
perque lacus altos et olentia sulphure fertur.

Pluto raubt Proserpina (1621/22). Marmorskulptur von Gian Lorenzo Bernini. Rom, Galleria Borghese

Übung 51 Kennzeichnen Sie – ohne den Text zu übersetzen – in der folgenden Passage aus Ovids Metamorphosen so viele sich aufeinander beziehende Wörter (Substantiv – Adjektiv, Substantiv – Pronomen, Substantiv – Partizip, ...) wie möglich durch Strichverbindungen. Das Wörterbuch kann Ihnen eine Hilfe sein.

Marmorsarkophag mit den neun Musen und ihren Attributen (2 Jh. n. Chr.). Paris, Louvre Museum

Pallas bei den Musen (Met. V 269 ff.)

Teil A

O, nisi te virtus opera ad maiora tulisset,
in partem ventura chori Tritonia nostri,
vera refers meritoque probas artesque locumque,
et gratam sortem, tutae modo simus, habemus.
Sed (vetitum est adeo sceleri nihil) omnia terrent
virgineas mentes, dirusque ante ora Pyreneus
vertitur, et nondum tota me mente recepi.
Daulida Threicio Phoceaque milite rura
ceperat ille ferox iniustaque regna tenebat;
templa petebamus Parnasia: vidit euntes
nostraque fallaci veneratus numina vultu
„Mnemonides" (cognorat enim), „consistite" dixit
„nec dubitate, precor, tecto grave sidus et imbrem"
(imber erat) „vitare meo; subiere minores
saepe casas superi."

Teil B

... Dictis et tempore motae
adnuimusque viro primasque intravimus aedes.
Desierant imbres, victoque aquilonibus austro
fusca repurgato fugiebant nubila caelo:
inpetus ire fuit; claudit sua tecta Pyreneus
vimque parat, quam nos sumptis effugimus alis.
Ipse secuturo similis stetit arduus arce
„Qua"que „via est vobis, erit et mihi" dixit „eadem"
seque iacit vecors e summae culmine turris
et cadit in vultus discussisque ossibus oris
tundit humum moriens scelerato sanguine tinctam.

Übung 52 Probleme bereiten kann auch die zum Teil weite Trennung von Nomina und der von ihnen abhängigen Genitivattribute. Unterstreichen Sie in den folgenden Texten zunächst die Genitive und zeichnen sie einen Bezugspfeil zu dem Substantiv, von dem sie Ihrer Einschätzung nach jeweils abhängen. Das Wörterbuch kann Ihnen dabei gegebenenfalls eine Hilfe sein.

Der Raub der Europa (Met. II 868–873)

Ausa est quoque regia virgo
nescia, quem premeret, tergo considere tauri,
cum deus a terra siccoque a litore sensim
falsa pedum primis vestigia ponit in undis;
inde abit ulterius mediique per aequora ponti
fert praedam.

Die Verwandlung der Syrinx (Met. I 699–712)

Pan videt hanc pinuque caput praecinctus acuta
talia verba refert – restabat verba referre
et precibus spretis fugisse per avia nympham,
donec harenosi placidum Ladonis ad amnem
venerit; hic illam cursum inpedientibus undis
ut se mutarent liquidas orasse sorores,
Panaque cum prensam sibi iam Syringa putaret,
corpore pro nymphae calamos tenuisse palustres,
dumque ibi suspirat, motos in harundine ventos
effecisse sonum tenuem similemque querenti.
Arte nova vocisque deum dulcedine captum
„hoc mihi colloquium tecum“ dixisse „manebit“,
atque ita disparibus calamis conpagine cerae
inter se iunctis nomen tenuisse puellae.

Übung 53 Führen Sie nun die beiden Übungsschritte durch:
Kennzeichnen Sie – ohne den Text zu übersetzen – in der folgenden Passage aus Ovids Metamorphosen so viele sich aufeinander beziehenden Wörter (Substantiv – Adjektiv, Substantiv – Pronomen, Substantiv – Partizip) wie möglich durch Strichverbindungen. Unterstreichen Sie dann die Genitive und zeichnen sie einen Bezugspfeil zu dem Substantiv, von dem sie Ihrer Einschätzung nach jeweils abhängen. Das Wörterbuch kann Ihnen dabei gegebenenfalls eine Hilfe sein.

Iuppiter begegnet Callisto (Met. II 401–431)

At pater omnipotens ingentia moenia caeli
circuit et, ne quid labefactum viribus ignis
corruat, explorat. Quae postquam firma suique
roboris esse videt, terras hominumque labores
perspicit. Arcadiae tamen est inpensior illi

cura suae: fontesque et nondum audentia labi
flumina restituit, dat terrae gramina, frondes
arboribus, laesasque iubet revirescere silvas.
Dum redit itque frequens, in virgine Nonacrina
haesit, et accepti caluere sub ossibus ignes.
Non erat huius opus lanam mollire trahendo
nec positu variare comas …
Protinus induitur faciem cultumque Dianae
atque ait: „O comitum, virgo, pars una mearum,
in quibus es venata iugis?“ De caespite virgo
se levat et „salve numen, me iudice“ dixit,
„audiat ipse licet, maius Iove.“ Ridet et audit
et sibi praeferri se gaudet et oscula iungit,
nec moderata satis nec sic a virgine danda.

bung 54 Üben Sie sich im Lexikongebrauch: Unter welcher Lernform finden Sie die im Text unterstrichenen Formen in Ihrem Wörterbuch? Wie lauten die deutschen Bedeutungen? Vermerken Sie, welche Wörter bzw. Wortbedeutungen besonders spezifisch für Ovid sind.

Lycaon (Met. I 199 ff.)

Confremuere omnes studiisque ardentibus ausum
talia deposcunt: sic, cum manus inpia saevit
sanguine Caesareo Romanum exstinguere nomen,
attonitum tantae subito terrore ruinae
humanum genus est totusque perhorruit orbis;
nec tibi grata minus pietas, Auguste, tuorum
quam fuit illa Iovi. Qui postquam voce manuque
murmura conpressit, tenuere silentia cuncti.
Substitit ut clamor pressus gravitate regentis,
Iuppiter hoc iterum sermone silentia rupit.

bung 55 Wenden Sie die obigen Aufgabenstellung auch auf die Fortsetzung des Textes an: Unter welcher Lernform finden Sie die in unterstrichenen Formen in Ihrem Wörterbuch? Wie lauten die deutschen Bedeutungen? Vermerken Sie, welche Wörter bzw. Wortbedeutungen besonders spezifisch für Ovid sind.

Überlegen Sie – ohne Übersetzung – aus dem Kontext, welche Bedeutung *admissum* (V. 210) an der vorliegenden Stelle haben könnte. Welche der im Wörterbuch genannten Bedeutungen scheidet bei *delabor* (V. 212) aus? Welcher ist bei *lustro* (V. 213) wohl der Vorzug zu geben? Begründen Sie Ihre Entscheidung jeweils.

„Ille quidem poenas (curam hanc dimittite!) solvit;
quod tamen admissum, quae sit vindicta, docebo.
contigerat nostras infamia temporis aures;
quam cupiens falsam summo delabor Olympo
et deus humana lustro sub imagine terras.
Longa mora est, quantum noxae sit ubique repertum,
enumerare: minor fuit ipsa infamia vero."

Übung 56 Unter welcher Lernform finden Sie die unterstrichenen Formen des folgenden Textes in Ihrem Wörterbuch? Welche Bedeutung(en) haben die gesuchten Wörter generell? Vermerken Sie, welche Wörter bzw. Wortbedeutungen besonders spezifisch für Ovid sind.
Welche besonderen Bedeutungen haben vermutlich die fett gedruckten Wörter im Kontext dieses Textes? Begründen Sie Ihre Wahl!
Überlegen Sie: Warum scheidet wohl die Übersetzung „Deckmantel, Ausflucht" für *latebris* (V. 216) aus?

„Maenala transieram latebris horrenda ferarum
et cum Cyllene gelidi pineta Lycaei:
Arcadis hinc sedes et inhospita tecta tyranni
ingredior, traherent cum sera crepuscula noctem.
signa dedi venisse deum, vulgusque precari
coeperat: inridet primo pia vota Lycaon,
mox ait ‚experiar deus hic discrimine aperto
an sit mortalis: nec erit dubitabile verum'.
Nocte gravem somno necopina perdere morte
comparat: haec illi placet experientia veri;
nec contentus eo, missi de gente Molossa
obsidis unius **iugulum** mucrone **resolvit**
atque ita semineces partim ferventibus artus
mollit aquis, partim subiecto torruit igni."

ung 57 Unter welcher Lernform finden Sie die unterstrichenen Formen des folgenden Textes in Ihrem Wörterbuch? Welche Bedeutung(en) haben die gesuchten Wörter generell? Vermerken Sie, welche Wörter bzw. Wortbedeutungen besonders spezifisch für Ovid sind.
Welche besonderen Bedeutungen haben wohl die fett gedruckten Wörter im Kontext dieses Textes? Begründen Sie Ihre Wahl. Ermitteln Sie ohne Übersetzung allein mit Hilfe des Wörterbuches, welche Bedeutung *vindice* (V. 230) tragen muss.

„Quod simul inposuit mensis, ego vindice flamma
in domino dignos everti tecta penates;
territus ipse fugit nactusque silentia ruris
exululat frustraque loqui conatur: ab ipso
colligit os rabiem solitaeque cupidine caedis
vertitur in pecudes et nunc quoque sanguine gaudet.
In villos **abeunt** vestes, in crura lacerti:
fit lupus et veteris servat vestigia formae;
canities eadem est, eadem violentia vultus,
idem oculi lucent, eadem feritatis imago est."

Das Ovid-Denkmal im rumänischen Constanza (ehemals Tomi)

11 Ovid-Übersetzungstexte

Übung 58 **Text 1: Achaemenides und Polyphem (Met. XIV 198–222 m. Aulass.)**

Achaemenides, ein Grieche, den Odysseus bei dem einäugigen Riesen Polyphem zurückgelassen hatte, wurde später von Aeneas und seinen Trojanern aufgenommen. Als er einen Gefährten von früher trifft, schildert er seine damaligen Erlebnisse und Gefühle:

... Me luridus occupat horror
spectantem vultus ...,
crudelesque manus et inanem luminis orbem[1]
membraque et humano concretam sanguine barbam.
Mors erat ante oculos, minimum tamen illa malorum.
...
Me tremor invasit: stabam sine sanguine maestus,
...
perque dies multos latitans omnemque tremiscens
ad strepitum mortemque timens cupidusque moriri,
...
solus, inops, exspes leto poenaeque[2] relictus
hanc procul adspexi longo post tempore navem
oravique fugam[3] gestu ad litusque cucurri
et movi[4]: Graiumque[5] ratis Troiana recepit! *80 lat. Wörter*

1 *orbis, -is,* m.: hier: Höhle
2 *poena, -ae*: hier: Pein
3 *fuga, -ae* : hier: Möglichkeit zur Flucht, Rettung
4 erg. sinngemäß *navem*
5 *Graius, -i* = *Graecus, -i*

a) Verbinden Sie zunächst durch Strichverbindungen alle Substantive (evtl. auch Pronomina) mit den jeweils darauf bezogenen Adjektiven, Partizipien oder Pronomina. Achten Sie dabei besonders darauf, wo Hyperbata vorliegen.

b) Erstellen Sie eine Übersetzung des gesamten Textes.

Odysseus in Polyphems Höhle (1. Hälfte 17. Jh.). Ölgemälde von Jacob Jordaens (1593–1678). Moskau, Puschkin-Museum der bildenden Künste

bung 59

Text 2: Die Rückverwandlung der Io (Met. I 736–746 m. Auslass.)

Einst verliebte sich Jupiter in Io, die Tochter des Flussgottes Inachus, und wollte sie entführen. Juno bemerkte dies jedoch. Um seine Geliebte zu schützen, verwandelte Jupiter Io in eine silberglänzende Kuh. Juno entdeckte jedoch auch dies und forderte die Kuh als Geschenk. Sie beauftragte den hundertäugigen Riesen Argos, Io zu bewachen. Doch Merkur schläferte ihn mit seinem Flötenspiel ein, so dass Io – immer noch in Tiergestalt – fliehen konnte. Juno sandte eine Rinderbremse, die Io unablässig verfolgte. Auf der Flucht überquerte Io das Meer. Schließlich kam sie in Ägypten an. Dort flehte Io die Götter an, sie zu erlösen. Juno willigte auf Jupiters Bitten ein:

„Pone metus“, inquit[1]; „numquam tibi causa doloris
haec[2] erit.“ ...
Ut lenita dea est, vultus[3] capit illa[2] priores
fitque, quod ante fuit: fugiunt e corpore saetae,

cornua decrescunt, fit luminis artior orbis,
contrahitur rictus, redeunt umerique manusque,
ungulaque … absumitur:
De bove nil superest formae nisi candor in illa.
Officioque pedum nymphe contenta duorum
erigitur metuitque loqui, ne more iuvencae
mugiat, et timide verba intermissa retemptat. *70 lat. Wörter*

1 Ergänzen Sie als Subjekt *Iuppiter*; seine Rede richtet sich an Juno.
2 Mit *haec* bzw. *illa* ist Io gemeint.
3 *vultus, us,* m. = *hier:* Aussehen, (äußere) Gestalt

a) Verbinden Sie zunächst durch Strichverbindungen alle Substantive (evtl. auch Pronomina) und die jeweils darauf bezogenen Adjektive, Partizipien oder Pronomina. Achten Sie dabei besonders darauf, wo Hyperbata vorliegen.
b) Kennzeichnen Sie die Genitive durch Unterstreichen und zeichnen einen Bezugspfeil zu dem Substantiv, von dem sie jeweils abhängen. Sie können die Lösungen bei Bedarf vor der Übersetzung einsehen.
c) Erstellen Sie eine Übersetzung des gesamten Textes.

Übung 60 Text 3: Ceres sucht nach ihrer Tochter (Met. V 462–477)

Proserpina, die Tochter der Göttin Ceres, wird, während sie mit ihren Freundinnen an einem mitten in Sizilien gelegenen See Blumen pflückt, von Pluto, dem Herrscher der Unterwelt, erblickt. Dieser begehrt sie sofort und raubt sie. Eine Freundin der Proserpina, die Nymphe Cyane, stellt sich ihm mutig in den Weg. Doch Pluto fährt Cyane um und entführt Proserpina in die Unterwelt. Voller Trauer löst sich Cyane in der Quelle auf, deren Göttin sie bislang war. Ceres sucht Tag und Nacht ihre Tochter …

Quas dea per terras et quas erraverit undas,
dicere longa mora est[1];
Sicaniam repetit, dumque omnia lustrat eundo,
venit et ad Cyanen. Ea ni mutata fuisset,
omnia narrasset; sed et os et lingua volenti
dicere non aderant, nec, qua loqueretur, habebat;
signa tamen manifesta dedit notamque parenti,
illo forte loco delapsam in gurgite sacro
Persephones zonam summis ostendit in undis.

Quam simul agnovit, tamquam tum denique raptam
scisset, inornatos laniavit diva capillos
et … suis percussit pectora palmis.
Nescit adhuc, ubi sit; terras tamen increpat omnes
ingratasque vocat nec frugum munere dignas,
Trinacriam[2] ante alias, in qua vestigia damni
repperit.

102 lat. Wörter

1 *longa mora est:* es würde zu weit führen
2 *Trinacria, -ae:* anderer Name für Sizilien

a) Verbinden Sie zunächst durch Strichverbindungen alle Substantive und die jeweils darauf bezogenen Adjektive, Partizipien oder Pronomina. Achten Sie dabei besonders darauf, wo Hyperbata vorliegen.

b) Überlegen Sie vor der Übersetzung,
- welcher Modus bei *erraverit* (V. 462) und ebenso bei *sit* (V. 474) vorliegt und wie er sich begründen lässt,
- worauf sich *volenti* (V. 466) bezieht,
- auf welche Form sich *quam* (V. 471) bezieht, worauf aber *raptam* im gleichen Vers. Sie können die Lösungen bei Bedarf vor der Übersetzung einsehen.

c) Erstellen Sie eine Übersetzung des gesamten Textes.

ung 61

Text 4: Caesars Tod und Apotheose (Met. XV 807–846 m. Auslass.)

Als die Schwerter gegen Caesar gezückt werden, versucht Venus, die Stammmutter des Geschlechtes der Julier, ihn vor der Katastrophe schützen. Sie will ihn in einer Wolke einhüllen, als der Göttervater Jupiter sie anspricht:

… „Sola insuperabile fatum,
nata, movere paras? …
Hic sua conplevit, pro quo, Cytherea, laboras,
tempora, perfectis, quos terrae debuit, annis.
Ut deus accedat caelo templisque colatur,
tu facies natusque suus[1], qui nominis heres
inpositum feret unus onus caesique parentis
nos in bella suos fortissimus ultor habebit.
…
Quodcunque habitabile tellus
sustinet, huius erit: pontus quoque serviet illi!

Pace data terris animum ad civilia vertet
iura suum legesque feret iustissimus auctor
exemploque suo mores reget …
Hanc animam interea caeso de corpore raptam
fac iubar, ut semper Capitolia nostra forumque
divus ab excelsa prospectet Iulius aede!“
Vix ea fatus erat, media cum sede senatus
constitit alma Venus nulli cernenda suique
Caesaris eripuit membris nec in aera solvi
passa recentem animam caelestibus intulit astris. *126 lat. Wörter*

1 Gemeint ist Octavian (der spätere Augustus)

a) Verbinden Sie zunächst durch Strichverbindungen alle Substantive (evtl. auch Pronomina) und die jeweils darauf bezogenen Adjektive, Partizipien oder Pronomina. Achten Sie dabei besonders darauf, wo Hyperbata vorliegen.

b) Versuchen Sie, sich vor der Übersetzung über folgende Fragen klar zu werden:
- In welchen Versen finden Sie jeweils einen Ablativus absolutus?
- Welcher Kasus liegt bei *senatus* (V. 843) vor?
- Erklären Sie die Konstruktion bei *nulli cernenda* (V. 844) und die Form von *passa* (V. 846). Sie können die Lösungen bei Bedarf vor der Übersetzung einsehen.

c) Erstellen Sie eine Übersetzung des gesamten Textes.

Statue von Gaius Iulius Caesar. Anfang 2. Jh. n. Chr. Gipskopie des Originals aus den Kapitolinischen Museen.
Rom, Museo della Civiltà Romana

bung 62 Text 5: Cyllarus und Hylonome (Met. XII 393–428 m. Auslass.)

Der Sage nach waren die Kentauren Mischwesen aus Mensch und Pferd. Sie lebten auf einem Berg in Nordgriechenland, waren wilde und brutale Wesen und führten Krieg mit ihren Nachbarn, den Lapithen. Ovid zeigt aber, dass die Kentauren auch zu „zarteren Gefühlen" fähig waren: Die folgende Erzählung handelt von dem Kentauren Kyllaros (lat. Cyllarus, -i; mit griech. Akk. Cyllaron statt des gewohnten Cyllarum) und der Kentaurin Hylonome.

Nec te pugnantem tua, Cyllare, forma redemit,
si modo naturae[1] formam concedimus illi[2].
Barba erat incipiens, barbae color aureus, aurea
ex umeris medios coma dependebat in armos.
Gratus in ore vigor; cervix umerique manusque
pectoraque artificum laudatis proxima signis.
...
Multae illum petiere sua de gente, sed una
abstulit Hylonome, qua nulla decentior inter
semiferos altis habitavit femina silvis;
haec et blanditiis et amando et amare fatendo
Cyllaron una tenet.
...
Par amor est illis: errant in montibus una,
antra simul subeunt; et tum Lapitheia tecta[3]
intrarant pariter, pariter fera bella gerebant:
auctor in incerto est: iaculum de parte sinistra
venit et
...
Cyllare, te fixit; parvo cor vulnere laesum
corpore cum toto post tela reducta[4] refrixit.
Protinus Hylonome morientes excipit artus
inpositaque manu vulnus fovet oraque ad ora
admovet atque animae fugienti obsistere temptat;
ut videt exstinctum, ...
...   telo, quod inhaeserat illi,
incubuit moriensque suum conplexa maritum est.

151 lat. Wörter

1 *natura, -ae*: hier: Gattung (gemeint sind die Kentauren)
2 *illi* zu beziehen auf *naturae*
3 hier poet. Pl.
4 Übersetzen Sie hier im Dt. freier!

Detail aus einer Darstellung der Schlacht zwischen Lapithen und Kentauren. Metopenrelief von der Südseite des Parthenon in Athen. London, British Museum

a) Verbinden Sie zunächst durch Strichverbindungen alle Substantive (evtl. auch Pronomina) mit den jeweils darauf bezogenen Adjektiven, Partizipien oder Pronomina. Achten Sie dabei besonders darauf, wo Hyperbata vorliegen.

b)
- Um welche Formen handelt es sich bei *pugnantem* (V. 393) und *incipiens* (V. 395)? Inwiefern sind diese Formen unterschiedlich verwendet? Suchen Sie weitere gleichartige Formen im Text. Überlegen Sie später bei der Übersetzung ihre Verwendungsweise genau.
- Welcher Satzteil fehlt ab *Gratus* ... (V. 397) zweimal? Wie ist er wohl zu ergänzen? Welcher Kasus liegt dann offensichtlich bei *laudatis signis* (V. 398) vor?
- Finden Sie zwei verkürzte Verbformen im Text. Wie lauten die regulären Formen hierzu?
- Welche grammatikalische Erscheinung erkennen Sie in *qua decentior* (V. 405)?
- Welche Konstruktion finden Sie zweimal in V. 407, welche in V. 424?

Sie können die Lösungen bei Bedarf vor der Übersetzung einsehen.

c) Erstellen Sie eine Übersetzung des gesamten Textes.

bung 63

Text 6: Hyacinthus (Met. X 185–216 m. Auslass.)

Ovid erzählt von der Freundschaft des Gottes Apoll zu dem schönen Knaben Hyacinthus. Der eifersüchtige Windgott Zephyrus manipuliert mit seinen Winden die Wurfbahn eines von Apoll geschleuderten Diskus, sodass Hyacinthus getötet wird …

… Expalluit aeque
quam puer ipse deus conlapsosque excipit artus
et modo te refovet, modo tristia vulnera siccat,
nunc animam admotis fugientem sustinet herbis.
Nil prosunt artes: erat inmedicabile vulnus.
…
„Laberis, Oebalide[1], prima fraudate iuventa“,
Phoebus ait „videoque tuum, mea crimina, vulnus.
Tu dolor es facinusque meum: mea dextera leto
inscribenda tuo est. Ego sum tibi funeris auctor.
Quae mea culpa tamen[2], nisi si lusisse vocari
culpa potest, nisi culpa potest et amasse vocari[3]?
… Utinam tecumque mori vitamque liceret
reddere! …
Semper eris mecum memorique haerebis in ore.
Te lyra pulsa manu, te carmina nostra sonabunt,
flosque novus … gemitus imitabere nostros.“
…
Ecce cruor, qui fusus humo signaverat herbas,
desinit esse cruor, Tyrioque nitentior ostro
flos oritur formamque capit quam lilia.
…
Non satis hoc Phoebo est …:
ipse suos gemitus foliis inscribit, et AI AI
flos habet inscriptum.

143 lat. Wörter

1 *Oebalides, -ae:* Spross des Oebalus = Hyacinthus
2 Ergänzen Sie *est*
3 Ordnen Sie: *nisi lusisse culpa vocari potest, nisi et(iam) amari culpa vocari potest*

a) Verbinden Sie zunächst durch Strichverbindungen alle Substantive mit den jeweils darauf bezogenen Adjektiven, Partizipien oder Pronomina. Achten Sie dabei besonders darauf, wo Hyperbata vorliegen.

b) • Achten Sie besonders auf V. 196: Um welche Form handelt es sich bei *laberis*, um welche bei *fraudate*?
- Welche Konstruktion finden Sie in V. 198 f.?
- Ermitteln Sie jeweils das Subjekt in den beiden nisi-Sätzen in V. 200 und 201.
- Bestimmen Sie in der Wortgruppe *lyra pulsa manu* (V. 205) den Kasus jedes einzelnen Wortes.

c) Erstellen Sie eine Übersetzung des gesamten Textes.

Übung 64

Text 7: Hecuba (Met. XIII 489–511 m. Auslass.)

Beim Abzug aus Troja erscheint der gefallene griechische Held Achilles seinem Sohn Neoptolemos im Traum und fordert, die Griechen sollten ihm das Schönste und Beste aus ihrer Beute opfern. Sie wählen Polyxena aus, die Tochter des bereits verstorbenen trojanischen Königs Priamos und seiner Frau Hekuba, und führen sie an Achilles' Grab. Dort wird sie geopfert. Hecuba, die schon fast alle ihre Kinder verloren hat und selbst durch das Los dem Odysseus als Sklavin zugeteilt wurde, trauert um ihre Tochter:

Quas totiens patriae dederat natisque viroque,
huic quoque dat lacrimas[1]; lacrimas in vulnera fundit
osculaque ore[2] tegit
...
et haec laniato pectore dixit:
„Nata, tuae – quid enim superest? – dolor ultime matris,
nata, iaces, videoque tuum, mea vulnera[3], vulnus[3]:
En, ne perdiderim quemquam sine caede meorum[4],
tu quoque vulnus habes; at te, quia femina, rebar
a ferro tutam: cecidisti et femina ferro,
totque tuos idem fratres, te perdidit idem,
exitium Troiae nostrique orbator, Achilles;
at postquam cecidit Paridis Phoebique sagittis,
nunc certe, dixi, non est metuendus Achilles:
Nunc quoque mi metuendus erat; cinis ipse sepulti
in[5] genus hoc saevit, tumulo[6] quoque sensimus hostem:
... iacet Ilion ingens,
eventuque gravi finita est publica clades,
sed finita tamen; soli mihi Pergama restant.
In cursuque meus dolor est[7]: Modo maxima rerum,

tot generis natisque potens nuribusque viroque
nunc trahor exul, inops, tumulis avulsa meorum,
Penelopae munus.“ *152 lat. Wörter*

1 Ordnen Sie: *huic quoque dat lacrimas, quas totiens patriae dederat natisque viroque*
2 *oscula* (dichterischer Plural): hier = *os* (gemeint: *os filiae;* zu *ore* ergänze *suo*)
3 *vulnus:* einmal physisch, einmal seelisch gemeint
4 *meorum:* abhängig von *quemquam*
5 *in:* hier = *contra*
6 Ergänzen Sie vor *tumulo* ein *e(x)*
7 *in cursu esse:* leben, weiter bestehen

a) Verbinden Sie zunächst durch Strichverbindungen alle Substantive (evtl. auch Pronomina) mit den jeweils darauf bezogenen Adjektiven, Partizipien oder Pronomina. Achten Sie dabei besonders darauf, wo Hyperbata vorliegen.
b) • Welche Konstruktion finden Sie zweimal hintereinander in V. 502 und 503?
• Wie ist wohl *et* in V. 498 zu übersetzen? Begründen Sie.
c) Erstellen Sie eine Übersetzung des gesamten Textes.

bung 65

Text 8: Picus (Met. XIV 372–396 m. Auslass.)

Der Fürstensohn Picus (lat. „der Specht“), der Gatte der Canens, einer Tochter des Gottes Janus, begegnete auf der Jagd der Göttin und Zauberin Kirke (lat. Circe), die gerade Zauberkräuter sammelte. Sie verliebte sich in ihn und erhoffte sich eine Beziehung. Picus aber blieb Canens treu, was er letztendlich bitter bezahlen musste. Im folgenden Abschnitt versucht Kirke gerade, ihn für sich zu gewinnen (Circe ist zunächst Subjekt, ille *ist dann Picus).*

… „Per tua lumina“ dixit,
„quae mea ceperunt, perque hanc, pulcherrime, formam,
quae facit, ut supplex tibi sim dea, consule nostris
ignibus …
… nec durus … despice Circen.“
Dixerat; ille ferox ipsamque precesque repellit
et „quaecumque es“ ait „non sum tuus; altera captum
me tenet et teneat per longum, conprecor, aevum,
nec Venere[1] externa socialia foedera laedam,
dum mihi Ianigenam servabunt fata Canentem.“

Saepe retemptatis precibus Titania[2] frustra
„non inpune feres neque“ ait „reddere[3] Canenti,
laesaque quid faciat, quid amans, quid femina, disces
rebus[4]“ ait, „sed amans et laesa et femina Circe!“
...
Ter iuvenem baculo tetigit, tria carmina[5] dixit.
Ille fugit, sed se solito velocius[6] ipse
currere miratur: pennas in corpore vidit,
seque novam subito Latiis accedere silvis
indignatus avem[7] duro fera robora[8] rostro
figit et iratus longis dat vulnera ramis;
purpureum chlamydis[9] pennae traxere colorem;
fibula quod fuerat ... aurum[10],
pluma fit, et fulvo cervix praecingitur auro,
nec quicquam antiquum Pico nisi nomina restat. *156 lat. Wörter*

1 *Venus, -eris, f.*: hier : Liebe(sbeziehung); *externa Venus:* wörtl.: Liebesbeziehung nach außen, d. h.: Seitensprung
2 *Titania, -ae:* die Titanentochter (gemeint ist Circe)
3 *reddere*: hier = *redderis*
4 *res*: hier frei: das, was geschehen wird, die (künftigen) Ereignisse
5 *carmina:* gemeint sind hier Zaubersprüche
6 Ordnen Sie: *velocius solito* (*solito:* als gewöhnlich)
7 *(novam) avem:* prädikativ
8 *robora* (Pl.) hier: Holz (gemeint: der Bäume)
9 *chlamydis:* abhängig von *colorem*
10 Ordnen Sie: *aurum, quod fibula fuerat*

a) Verbinden Sie zunächst durch Strichverbindungen alle Substantive (evtl. auch Pronomina) mit den jeweils darauf bezogenen Adjektiven, Partizipien oder Pronomina. Achten Sie dabei besonders darauf, wo Hyperbata vorliegen.

b)
- Achten Sie in den Versen 377–381 besonders auf die Verbformen: Bestimmen Sie vor der Übersetzung jeweils Tempus und Modus.
- Welche Konstruktion entdecken Sie in V. 382?
- Welche Konstruktion finden Sie in V. 390 f.? Von welchem Wort hängt diese Konstruktion ab?

c) Erstellen Sie eine Übersetzung des gesamten Textes.

bung 66

Text 9: Die Sibylle von Cumae (Met. XIV 129–153)

Auch bei Ovid findet sich eine kurze Fassung der Aeneas-Sage. Wie bei Vergil wird er an die Sibylle von Cumae, eine berühmte Seherin, verwiesen, die mit ihm in die Unterwelt steigen soll. Im folgenden Text wird erzählt, wie die Sibylle sich dem Aeneas (er ist mit hunc *in V. 129 gemeint) vorstellt.*

Respicit hunc vates et …
„Nec dea sum“, dixit „nec sacri turis honore
humanum dignare caput,
lux aeterna mihi … dabatur[1],
si mea virginitas Phoebo patuisset amanti.
Dum tamen hanc sperat, dum praecorrumpere donis
me cupit, ‚elige‘, ait ‚virgo Cumaea, quid optes:
Optatis potiere[2] tuis.‘ Ego pulveris hausti
ostendens cumulum, quot haberet corpora[3] pulvis,
tot mihi natales contingere vana[4] rogavi[5];
excidit, ut peterem iuvenes quoque protinus annos.
Hos tamen ille mihi dabat[6] aeternamque iuventam,
si Venerem paterer: contempto munere Phoebi
innuba permaneo; sed iam felicior aetas
terga dedit, tremuloque gradu venit aegra senectus,
quae patienda diu est. Nam iam mihi saecula septem
acta, tamen superest, numeros ut pulveris[7] aequem,
ter centum messes, ter centum musta videre.
Tempus erit, cum de tanto me corpore parvam
longa dies[8] faciet, consumptaque membra senecta
ad minimum redigentur onus[9]:
… nec amata videbor
nec placuisse deo, Phoebus quoque forsitan ipse
vel non cognoscet vel dilexisse negabit: …
voce tamen noscar; vocem mihi fata relinquent.“ *158 lat. Wörter*

1 Übersetzen Sie hier wie *data esset*
2 *potiere = potieris*
3 *corpus, oris,* n. = hier: Teilchen
4 *vanus, a, um:* hier töricht, verblendet
5 *rogare:* in der Dichtersprache häufiger auch mit AcI statt wie gewohnt *ut*
6 Das Imperfekt bringt hier ein Wollen zum Ausdruck
7 *numeri pulveris* = hier: die Zahl der Staubkörner
8 *dies, ei,* f. = hier: Frist
9 *onus, - eris,* n. = hier: Gewicht

a) Verbinden Sie zunächst durch Strichverbindungen alle Substantive (evtl. auch Pronomina) und die jeweils darauf bezogenen Adjektive, Partizipien oder Pronomina. Achten Sie dabei besonders darauf, wo Hyperbata vorliegen.

b) Kennzeichnen Sie die Genitive durch Unterstreichen und zeichnen einen Bezugspfeil zu dem Substantiv, von dem sie jeweils abhängen.

c) Benennen Sie die Form von *dignare* (V. 131), die Verwendung des Partizips *optatis* (V. 136), die Modusfunktion von *mihi* (V. 144), den Kasus von *senecta* (V. 147) und die Konstruktion, die in V. 149 f. (bis *deo*) vorliegt.

d) Erstellen Sie eine Übersetzung des gesamten Textes.

Übung 67 Text 10: Atlas (Met. IV 631–662 m. Auslass.)

Wie entstand eigentlich das Atlasgebirge? Atlas war einst ein Riese, der am Ende der Zivilisation wohnte. In seinem Garten bewachte er einen wertvollen Besitz seiner Töchter, der Hesperiden: einen Baum mit goldenen Äpfeln.

Hic hominum cunctos ingenti corpore praestans
... Atlas fuit: ultima tellus
rege sub hoc et pontus erat ...
Eines Tages kommt ein Besucher: der Held Perseus.
„Hospes“ ait Perseus illi, „seu gloria tangit
te generis magni, generis mihi Iuppiter auctor;
sive es mirator rerum, mirabere nostras;
hospitium requiemque peto.“ Memor ille vetustae
sortis erat; Themis[1] hanc dederat ... sortem:
„Tempus, Atlas, veniet, tua quo spoliabitur auro
arbor, et hunc praedae titulum Iove natus habebit.“
Id metuens solidis pomaria clauserat Atlas
moenibus et vasto dederat servanda draconi
arcebatque suis externos finibus omnes.
Huic quoque „vade procul, ne longe gloria rerum,
quam mentiris“ ait, „longe tibi Iuppiter absit!“
Vimque minis addit manibusque expellere temptat
cunctantem ...
Viribus inferior (quis enim par esset Atlantis
viribus?) „at quoniam parvi tibi gratia[2] nostra est,
accipe munus!“ ait ... Medusae[3]

ipse retro versus squalentia protulit ora.
... Mons factus Atlas: nam barba comaeque
in silvas abeunt[4], iuga sunt umerique manusque,
quod caput ante fuit, summo est in monte cacumen,
ossa lapis fiunt; tum ...
crevit in inmensum (sic, di, statuistis) et omne
cum tot sideribus caelum requievit in[5] illo. *175 lat. Wörter*

1 *Themis:* die Göttin der Gerechtigkeit, zweite Schutzherrin des Orakels von Delphi
2 *gratia:* hier zu verstehen wie *amicitia*
3 Dem Mythos nach war Medusa ein geflügeltes Ungeheuer mit Schlangenhaaren, bei dessen Anblick jeder versteinert wurde. Perseus hatte ihr den Kopf abgeschlagen und trug diesen immer bei sich.
4 *abire in:* werden zu
5 *in:* hier: auf

a) Verbinden Sie zunächst durch Strichverbindungen alle Substantive (evtl. auch Pronomina) mit den jeweils darauf bezogenen Adjektiven, Partizipien oder Pronomina. Achten Sie dabei besonders darauf, wo Hyperbata vorliegen.

b)
- Welche Konstruktion liegt bei *servanda* (V. 647) vor? Wie wird sie verwendet?
- Wofür steht die Kurzform *mirabere* (V. 641)?
- Welches Wort ist bei *mons factus Atlas* (V. 657) entfallen?

Sie können die Lösungen bei Bedarf vor der Übersetzung einsehen.

c) Erstellen Sie eine Übersetzung des gesamten Textes.

Blick auf das Atlas-Gebirge (Marokko)

Lösungen

Übung 1

a) *Ecquam putatis civitatem pacatam fuisse?*
Glaubt ihr etwa, ein Staat sei befriedet gewesen (*freier:* mit einem – einzigen – Staat habe Frieden bestanden)? *(De imp. Cn. Pomp. 67)*

b) *In te satis esse animi perseverantiaeque arbitror.*
Ich glaube, dass du über genügend Mut und Ausdauer verfügst. *(De imp. Cn. Pomp. 69)*

c) *Quonam igitur pacto probari potest insidias Miloni fecisse Clodium?*
Auf welche Weise also kann (denn) bewiesen werden, dass Clodius gegen Milo einen Anschlag verübt hatte? *(Pro Milone 32)*

d) *Hoc me profiteor suscepisse magnum fortasse onus.*
Ich erkläre öffentlich, diese vielleicht große (freier: schwere) Last auf mich genommen zu haben. *(In Verrem I 12)*

e) *Intellexi vehementer populum Romanum commoveri.*
Ich erkannte, dass das römische Volk heftig beunruhigt werde. *(In Verrem I 14)*

f) *Quorum ego auctoritatem apud vos plurimum valuisse et valere oportere confiteor.*
Ich gestehe, dass deren Autorität bei euch sehr viel Geltung hatte und es angemessen ist, dass sie diese hat. *(De imp. Cn. Pomp. 51)*

g) *Unum illud intellego ea spe istum fuisse praeditum.*
Jenes eine erkenne ich, dass dieser von der (dieser) Hoffnung beseelt war (*wörtl. unschön:* mit ... versehen war). *(In Verrem I 3)*

h) *Numquam existimavi spem ullam esse habituros Milonis inimicos.*
Ich glaubte, dass die Feinde Milos niemals eine irgendwie geartete Hoffnung haben würden. *(Pro Milone 5)*

i) *Nec eorum quisquam non de se, de liberis suis, de patria, de fortunis hodierno die decertari putat.*
Und jeder von ihnen glaubt, dass am heutigen Tag über ihn, seine Kinder, sein Vaterland und seine Güter entschieden wird. *(Pro Milone 3)*

j) *Meam vocem et auctoritatem et vobis et rei publicae conservatam ac restitutam puto.*
Ich glaube, dass meine Stimme und mein Ansehen für euch und für den Staat (*wörtl.* sowohl … als auch) bewahrt und wiederhergestellt worden sind. *(Pro M. Marcello 2)*

k) *Quo tandem animo hoc tyrannum illum tulisse creditis?*
Mit welcher Gesinnung ertrug das eurer Meinung nach jener Tyrann denn eigentlich? *(Pro Milone 35)*

l) *Nam hoc Verrem dicere aiebant te non fato, ut ceteros ex vestra familia, sed opera sua consulem factum.* (Besonderheit: AcI innerhalb einer AcI-Konstruktion)
Denn man sagte (*wörtl.* sie sagten), Verres behaupte (dies), du seiest nicht durch das Schicksal, so wie die übrigen aus eurer Familie, sondern durch seine Hilfe (*wörtl.* Arbeit) Konsul geworden. *(In Verrem I 29)*

m) *Quantum luctum in hac urbe fuisse a nostris patribus accepimus, cum P. Africano domi suae quiescenti illa nocturna vis esset inlata?*
Eine wie große Trauer herrschte, wie wir von unseren Vätern erfahren haben, in dieser Stadt, als dem P. Africanus, während er in seinem Haus schlief, jene nächtliche Gewalttat angetan wurde *(wörtl. Plusquamperfekt)*? *(Pro Milone 16)*

n) *Quicquid in hac causa mihi susceptum est, Quirites, id ego omne me rei publicae causa suscepisse confirmo.*
Was auch immer ich in dieser Sache unternommen habe *(wörtl. Passiv)*, ihr Quiriten, dies habe ich, so versichere ich, alles des Staates wegen unternommen (*wörtl.* das versichere ich … unternommen zu haben)
(De imp. Cn. Pomp. 71)

o) *Nemo quemquam tam audacem, tam amentem, tam impudentem fore arbitrabatur.*
Niemand glaubte, dass jemand so dreist, so wahnsinnig und so unverschämt sein werde. *(In Verrem II 1,1)*

p) *Patior, iudices, et non moleste fero me laboris mei, vos virtutis vestrae fructum esse laturos.*
Ich dulde es, ihr Richter, und ertrage es nicht ungern, dass ich die Belohnung für meine Mühe, ihr die für eure Leistung bekommen werdet.
(In Verrem II 1,2)

q) *Quod enim fanum putatis in illis terris nostris magistratibus religiosum, quam civitatem sanctam, quam domum satis clausam ac munitam fuisse?* Denn welcher Tempel war eurer Meinung nach in jenen Gebieten unseren Beamten heilig, welche Stadt unverletzlich, welches Haus hinreichend geschlossen und geschützt? *(De imp. Cn. Pomp. 65)*

r) *Neminem vestrum ignorare arbitror, iudices, hunc per hosce dies sermonem vulgi atque hanc opinionem populi Romani fuisse C. Verrem altera actione responsurum non esse neque ad iudicium adfuturum.*
(Mehrfach voneinander abhängige AcI-Konstruktionen:

- von *arbitror: neminem vestrum ignorare*
- von *ignorare: hunc sermonem .../hanc opionionem fuisse*
- von *(hunc) sermonem atque (hanc) opinionem fuisse: C. Verrem responsurum (non) esse neque ... adfuturum*)

Ich glaube, dass jeder von euch weiß, ihr Richter, dass es in diesen Tagen dieses Gerede bei den Leuten und diese Meinung beim römischen Volk gab, dass sich C. Verres in der zweiten Verhandlung nicht verantworten und nicht vor Gericht anwesend sein werde. *(In Verrem II 1,1)*

s) *In animis ego vestris omnes triumphos meos, omnia ornamenta honoris, monumenta gloriae, laudis insignia condi et collocari volo.*
Ich will, dass alle meine Triumphe, alle Zierden meines Ansehens, Denkmäler meines Ruhmes und Abzeichen meiner Ehre in euren Herzen verwahrt und aufbewahrt werden. *(In Catilinam III 26)*

t) *Rem publicam, Quirites, vitamque omnium vestrum, bona, fortunas, coniuges liberosque vestros atque pulcherrimamque urbem deorum inmortalium summo erga vos amore, laboribus, consiliis, periculis meis e flamma atque ferro ac paene ex faucibus fati ereptam et vobis conservatam ac restitutam videtis.*
Ihr seht, Quiriten, dass der Staat und euer aller Leben, euer Besitz, eure Güter, eure Frauen und Kinder und die allerschönste Stadt durch die überaus große Liebe der unsterblichen Götter euch gegenüber, durch meine Bemühungen, meine Planungen und (*erg.* die auf mich genommenen) Gefahren dem Feuer und Schwert und beinahe dem Schlund des Schicksals entrissen und für euch aufbewahrt und wiederhergestellt worden sind. *(In Catilinam III 1)*

Übung 2

a) *Ex eodem Ponto Medea illa quondam profugisse dicitur.*
Aus dem gleichen Pontus soll einst jene Medea geflohen sein. *(De imp. Cn. Pomp. 22)*

b) *Neque enim illae sunt solae virtutes imperatoriae, quae volgo existimantur.*
(*esse* ist entfallen; eine Wiederholung der Wortverbindung *virtutes imperatoriae*, die das Prädikatsnomen – im Nominativ – in der NcI-Konstruktion bilden würde, ist ebenfalls entfallen)
Und es sind nämlich nicht nur das allein Tugenden eines Feldherrn, die allgemein dafür gehalten werden. *(De imp. Cn. Pomp. 29)*

c) *Reliquum est, ut de Q. Catuli auctoritate et sententia dicendum esse videatur*
Es bleibt übrig, dass man offensichtlich über das Ansehen und die Ansicht des Q. Catulus sprechen muss (dass man, wie es scheint, ...; *wörtl.:* dass es scheint, als müsse man ...). *(De imp. Cn. Pomp. 59)*

d) *Sed ut praeterita meminisse, reliqua sperare videamur.*
Sondern damit es so scheint, als ob wir uns des Vergangenen erinnerten, das Übrige (sinngemäß: Künftige) (aber) erhofften. *(De imp. Cn. Pomp. 47)*

e) *Quae civitas antea umquam fuit, – non dico Atheniensium, quae satis late quondam mare tenuisse dicitur?*
Was für einen Staat gab es jemals früher – ich spreche nicht von dem der Athener, der einst, wie man sagt/es heißt, weithin genug das Meer beherrscht hat (der ... beherrscht haben soll)? *(De imp. Cn. Pomp. 54)*

f) *Nulla in iudiciis severitas, nulla religio, nulla denique iam existimantur esse iudicia.*
Es gibt, wie man glaubt, bei den Gerichten keine Strenge mehr, keine Gewissenhaftigkeit, es gibt schließlich (*freier:* eigentlich) gar keine Gerichte mehr. *(In Verrem I 15)*

g) *Neque enim mirum, cum eodem tempore et ea, quae praeterita sunt, reparet et ea, quae videntur instare, praeparet.*
Das ist nämlich nicht verwunderlich, weil er zur gleichen Zeit das, was vergangen ist, wiederherstellt und das vorbereitet, was anscheinend bevorsteht (bevorzustehen scheint). *(Pro Sexto Roscio 22)*

h) *Numquam tamen tantum periculum mihi adire visus sum.*
Es schien mir dennoch niemals, als nähme ich eine so große Gefahr auf mich. *(In Verrem I 2)*

i) *... ut initia illa rerum gestarum magna atque praeclara non felicitati eius, sed virtuti, haec autem extrema, quae nuper acciderunt, non culpae, sed fortunae tribuenda esse videantur.*
... dass man jene großen und glänzenden Anfänge seiner Taten nicht seinem Glück, sondern seiner Tüchtigkeit, diese jüngsten Ereignisse aber, die sich neulich zutrugen, anscheinend nicht seiner Schuld, sondern dem Schicksal zuschreiben muss (*wörtl.* dass es scheint, als müsse man ... zuschreiben). *(De imp. Cn. Pomp. 10)*

j) *In quo maxime elaborandum est, ne forte ea vobis, quae diligentissime providenda sunt, contemnenda esse videantur.*
Darum muss man sich in höchstem Maße bemühen, dass es euch nicht zufällig so erscheint, als dürfe man gering schätzen, was sorgfältigst vorbereitet werden muss. *(De imp. Cn. Pomp. 20)*

Übung 3

a) *Ex his apparet illum permulta dixisse.*
Hieraus geht hervor, dass jener sehr viel gesagt hat. *(I 20,7)*

b) *Dicit se velle ducere uxorem.*
Er sagt, er wolle heiraten. *(IV 2,6)*

c) *Haec me Regulus dolenter tulisse credebat.*
Regulus glaubte, ich hätte dies übel genommen. *(I 5,4)*

d) *Dices te non posse satis diligenter id facere.*
Du wirst sagen, du könnest dies nicht sorgfältig genug machen. *(II 5,10)*

e) *Scito eum pessime dicere, qui laudabitur maxime.*
Du sollst wissen, dass derjenige der schlechteste Redner ist (*wörtl.* am schlechtesten spricht), der am meisten gelobt werden wird. *(II 14,8)*

f) *Ita senescere oportet virum, qui magistratus amplissimos gesserit, exercitus rexerit.*
So muss ein Mann alt werden, der die bedeutendsten Ämter bekleidet und Heere geführt hat. *(IV 23,2)*

g) *Vide hominis crudelitatem, qui se non dissimulet exsuli nocere voluisse.*
Sieh die Grausamkeit dieses Menschen, der nicht abstreitet, dass er einem Verbannten schaden wollte. *(I 5,13)*

h) *Ita certe ex Quintiliano praeceptore meo audisse me memini.*
Ich erinnere mich sicher, es von meinem Lehrer Quintilian so gehört zu haben. *(II 14,9)*

i) *Non dubito maximo tibi gaudio fore, cum cognoveris (eam) dignam patre, dignam te, dignam avo evadere.*
Ich zweifle nicht, dass du sehr große Freude empfinden wirst, wenn du erfährst, dass sie sich ihres Vaters, deiner und ihres Großvaters würdig erweist. *(IV 19,1)*

j) *Scio nonnullis ita videri.*
Ich weiß, dass es manchen so erscheint. *(I 20,9)*

k) *Nec me praeterit summum oratorem Periclen sic a comico Eupolide laudari.*
Und es entgeht mir nicht, dass der hochbedeutende Redner Perikles so von dem Komödiendichter Eupolis gelobt wird. *(I 20,17)*

l) *Numquamne legisti Gaditanum quendam Titi Livi nomine gloriaque commotum ad visendum eum ab ultimo terrarum orbe venisse statimque ut viderat abisse?*
Hast du niemals gelesen, dass ein gewisser Gaditaner, von dem ruhmvollen Namen des Titus Livius bewogen, vom Ende der Erde kam, um ihn zu sehen, und sofort, als er ihn gesehen hatte, (wieder) wegging? *(II 3,8)*

Übung 4

a) *Ante omnia, si festinare videor, ignosce.*
Verzeih vor allem, wenn ich dir eilig erscheine (*wörtl.* es dir so erscheint, als sei ich in Eile). *(IV 15,11)*

b) *Alius excessisse materiam, alius dicitur non implesse.*
Der eine soll über das Thema hinausgegangen sein, der andere es nicht erfüllt haben. *(I 20,21)*

c) *Qui cum legisset Rhodiis orationem Demosthenis admirantibus cunctis, adiecisse fertur: …*
Als dieser *(gemeint ist der attische Redner Aischines, 4. Jh. v. Chr.)* den Rhodiern unter allgemeiner Bewunderung eine Rede des Demosthenes vorgelesen hatte, soll er hinzugefügt haben: … *(II 3,11)*

d) *Eo magis, quod nihil ante eodem zelo scripsisse videor.*
Umso mehr, weil mir scheint, als hätte ich vorher nichts mit dem gleichen Eifer geschrieben. *(I 2,2)*

e) *Vereor, ne decepisse Caesarem videor.*
Ich fürchte, es könnte so erscheinen, als hätte ich den Kaiser getäuscht. *(II 9,2)*

f) *Quod esse necessarium dicitur.*
Dies soll notwendig sein. *(X 79,3)*

g) *Ne forte non aliorum utilitatibus, sed propriae laudi servisse videamur.*
Damit es nicht zufällig so erscheint, als hätten wir (*gemeint:* ich) nicht dem Nutzen (*wörtl. Pl.*) anderer, sondern dem eigenen Ruhm gedient. *(I 8,13)*

h) *In iis, quos accersita mors aufert, hic insanabilis dolor est, quod creduntur potuisse diu vivere.*
Bei denen, die ein (selbst) gesuchter Tod hinwegnimmt, besteht dieser unheilbare Schmerz (*freier:* denen, die …, gilt …), weil man glaubt, sie hätten lange leben können. *(I 12,2)*

i) *Ii vero, qui benefacta sua verbis adornant, non ideo praedicare, quia fecerint, sed ut praedicarent fecisse creduntur.*
Man glaubt aber, dass die, die ihre Verdienste mit Worten hervorheben (*wörtl.* ausschmücken), sie nicht deshalb rühmen, weil sie diese vollbracht haben, sondern vollbracht haben, um sie rühmen zu können. *(I 8,15)*

j) *Recitabatur autem apud me edictum, quod dicebatur (erg. esse) divi Augusti.*
Es wurde vor (bei) mir aber ein Edikt verlesen, von dem es hieß, es stamme von dem vergöttlichten Augustus. *(X 65,3)*

Übung 5 a) *Malleolus a me productus est et mater eius atque avia, quae miserae flentes eversum a te puerum patriis bonis esse dixerunt.*
Malleolus wurde von mir vorgeführt und seine Mutter und seine Großmutter, die unglücklich weinend sagten, du habest den Jungen um seine väterlichen Güter gebracht *(wörtl. Passiv)*. *(In Verrem II 1,91)*

b) *Reus in iudicium adductus est C. Verres, homo vita atque factis omnium iam opinione damnatus, pecuniae magnitudine sua spe absolutus.*
Es wurde C. Verres als Angeklagter vor Gericht gebracht, ein Mann, der wegen seines Lebens und seiner Taten bereits durch die öffentliche Meinung (*wörtl.* Meinung aller) verurteilt, aber durch die (aufgrund der) Größe seines Vermögens, wie er hofft (*wörtl.* seiner Hoffnung nach), (schon) freigesprochen ist. *(In Verrem I 1)*

c) *Italia ab hoc auxilium absente expetivit.*
Italien erbat von ihm in seiner Abwesenheit Hilfe. *(De imp. Cn. Pomp. 30)*

d) *P. Servilius, vir clarissimus maximis rebus gestis, adest de te sententiam laturus.*
Publius Servilius, ein aufgrund seiner sehr großen Leistungen hochberühmter Mann, ist da, um über dich seine Stimme abzugeben. *(In Verrem II 1,56)*

e) *Effugiemus hominem nimium servientem populi existimationi.*
Wir werden einem Mann entgehen, der sich allzu sehr nach der Volksmeinung richtet. *(In Verrem I 10)*

f) *Humanitate tanta est, ut difficile dictu sit, utrum hostes magis virtutem eius pugnantes timuerint an mansuetudinem victi dilexerint.*
Er besitzt eine so große Menschlichkeit, dass es schwer zu sagen ist, ob seine Feinde im Kampf mehr seine Tapferkeit fürchteten oder – besiegt – (– wenn sie besiegt waren –) seine Milde schätzten. *(De imp. Cn. Pomp. 42)*

g) *Illa nimis antiqua praetereo, quod C. Servilius Ahala Sp. Maelium novis rebus studentem manu sua occidit.*
Ich übergehe jenes allzu weit Zurückliegende (*wörtl.* Alte), dass (nämlich) C. Servilius Ahala den Sp.Maelius, der (weil er) nach Umsturz strebte, mit eigener Hand getötet hat. *(In Catilinam I 3)*

h) *Mithridates fugiens maximam vim auri atque argenti pulcherrimarumque rerum omnium, quas et a maioribus acceperat et ipse bello superiore ex tota Asia direptas in suum regnum congesserat, in Ponto omnem reliquit.*
Mithridates ließ bei seiner Flucht eine sehr große Menge Gold und Silber und aller möglichen sehr schönen Dinge zurück, die er teils von den Vorfahren erhalten, teils selbst im vorigen Krieg aus ganz Asien geraubt und in sein Reich geschafft hatte, ganz in Pontus zurück. *(De imp. Cn. Pomp. 22)*

i) *Quo mihi etiam indignius videtur obtrectatum esse adhuc, ne legaretur A. Gabinius Cn. Pompeio expetenti ac postulanti.*
Umso unwürdiger erscheint mir noch, dass man bis jetzt dagegen gearbeitet hat, dass A. Gabinius bei Cn. Pompeius eine Legatenstelle erhielt (*wörtl.* für … zum Legaten gemacht wurde), der (doch) nachdrücklich darum bat (*alternativ:* als er …, obwohl er …). *(De imp. Cn. Pomp. 57)*

j) *Catilinam orbem terrae caede atque incendiis vastare cupientem nos consules perferemus?*
Werden wir Konsuln Catilina ertragen, der den Erdkreis durch Mord und Brand (wörtl. Pl.) zu verwüsten trachtet? *(In Catilinam I 3)*

k) *Eosdem facile adducam, ut te haec, quae vastare iam pridem studes, relinquentem usque ad portas prosequantur.*
Ich werde dieselben leicht veranlassen, dass sie dich, wenn du das verlässt, was du schon lange zu verwüsten trachtest, bis zu den Toren begleiten.
(In Catilinam I 21)

l) *Si propter socios nulla ipsi iniuria lacessiti maiores nostri bella gesserunt, quanto vos studio convenit iniuriis provocatos sociorum salutem una cum imperi vestri dignitate defendere?*
Wenn unsere Vorfahren, selbst durch kein Unrecht herausgefordert (ohne selbst durch ein Unrecht herausgefordert zu sein), wegen der Bundesgenossen Kriege führten, mit wie großem Einsatz müsst ihr, die ihr durch Rechtsbrüche gereizt worden seid, das Heil der Bundesgenossen zusammen mit der Ehre eures Reiches verteidigen?
(De imp. Cn. Pomp. 14)

m) *Ea Sex. Roscium inopem, eiectum domo atque expulsum ex suis bonis, fugientem latronum tela et minas recepit domum hospitique oppresso iam desperatoque ab omnibus opitulata est.*
Diese nahm Sextus Roscius, arm, aus seinem Haus verjagt und aus seinen Besitzungen vertrieben, auf der Flucht vor den Waffen der Räuber und ihren Drohungen in ihrem Haus auf und schenkte dem bedrängten und und schon von allen aufgegebenen Gastfreund ihre Hilfe.
(Pro Sexto Roscio 27)

n) *Tandem aliquando, Quirites, L. Catilinam furentem audacia, scelus anhelantem, pestem patriae nefarie molientem, vobis atque huic urbi ferro flammaque minitantem ex urbe vel eiecimus vel emisimus vel ipsum egredientem verbis prosecuti sumus.*
Endlich einmal (*freier:* Jetzt endlich ...) , ihr Quiriten, haben wir L. Catilina, der vor Verwegenheit raste, der Verbrechen aushauchte, der auf ruchlose Weise den Untergang des Vaterlandes plante und euch und diese Stadt mit Feuer und Schwert bedrohte, teils (*wörtl.* entweder) aus der Stadt geworfen, teils (*wörtl.* oder) verbannt, teils (*wörtl.* oder) ihm selbst beim Verlassen (*erg.:* der Stadt) mit Worten das Geleit gegeben.
(In Catilinam II 1)

o) *Cum autem me ex Sicilia ad Leucopetram venti detulissent, ab eo loco conscendi, ut transmitterem, nec multum provectus reiectus austro sum in eum ipsum locum, unde conscenderam.*
Als mich aber die Winde von Sizilien nach Leucopetra verschlagen hatten, schiffte ich mich dort für die Überfahrt ein; aber als ich noch nicht sehr (*wörtl.* so) weit gekommen war, wurde ich vom Südwind an genau den Ort wieder zurückgeworfen, wo ich mich eingeschifft hatte. *(Phil. I 7)*

Übung 6

a) *Mox ingravescit, clamat moriens ...*
Bald wird sie kränker, sterbend (im Sterben) ruft sie ... *(II 20,5)*

b) *Interrogati a Nepote praetore, quem docuissent, responderunt ...*
Von dem Prätor Nepos gefragt (Als sie ... gefragt worden waren), wen sie unterrichtet hätten, antworteten sie ... *(V 4,2)*

c) *Macro legem intuenti consentaneum fuit damnare eum, qui contra legem munera acceperat.*
Für Macer, der (weil er) (nur) das Gesetz im Auge hatte, war es folgerichtig, den zu verurteilen, der gesetzeswidrig Geschenke empfangen hatte. *(IV, 9,17)*

d) *Me recordantem fragilitatis humanae miseratio subit.*
Wenn ich mich daran erinnere, befällt mich Bedauern über die menschliche Hinfälligkeit. *(III 7,10)*

e) *Ais te adductum litteris, quas exigenti tibi de morte avunculi mei scripsi, cupere cognoscere ...*
Du sagst, dass du, veranlasst durch den Brief, den ich dir auf deine Forderung hin (weil du es gefordert hast) über den Tod meines Onkels geschrieben habe, zu erfahren wünschst ... *(VI 20,1)*

f) *Dixi proxime pro Vareno postulante, ut sibi evocare testes liceret.*
Kürzlich sprach ich für Varenus, der (als er) forderte, dass er Zeugen vorladen dürfe. *(VI 29,11)*

g) *Et vocibus excitatus et recreatus loci frigore vivere se confitetur.*
Er gibt, aufgeweckt durch die Stimmen und erfrischt durch die Kühle des Ortes (nachdem, weil er ... aufgeweckt und erfrischt worden ist), zu erkennen, dass er (noch) lebt. *(III 14,3)*

h) *Multa referebat aviae suae; quae tibi existimo tam mirabilia legenti fore, quam mihi audienti fuerunt.*
Sie erzählte vieles von ihrer Großmutter; ich glaube, das wirst du, wenn du es liest, ebenso bewundern wie ich, als ich es hörte (*wörtl.* wird für dich ebenso bewundernswert sein ...). *(III 16,2)*

Übung 7

a) *Stabat innuebatque digito similis vocanti.*
Es stand da und winkte ihm mit dem Finger, so als wolle es rufen (*wörtl.* einem Rufenden ähnlich) *(VII 27,9)*

b) *Illa ipsa, quae dura et adversa dicturo videbantur, secunda dicenti fuerunt.*
Gerade das, was dem, der sprechen wollte, hart und schwierig erschien, war für den Sprecher günstig. *(II 11,14)*

c) *Nubes – incertum procul intuentibus ex quo monte; Vesuvium fuisse postea cognitum est – oriebatur.* (Partizip substantivisch gebraucht)
Es erhob sich eine Wolke – für die Betrachter aus der Ferne war es unsicher, von welchem Berg; später erkannte man, dass es der Vesuv gewesen war. *(VI 16,5)*

d) *Accipit codicillos Rectinae ... imminenti periculo exterritae.* (Partizip in der Funktion eines Adjektivs)
Er erhielt *(hist. Präs.)* einen Brief der Rectina, die von der drohenden Gefahr sehr erschreckt war. *(VI 16,8)*

e) *piscina mirifica, ex qua natantes mare aspiciunt* (substantivisch gebrauchtes Partizip)
Ein wunderbares Schwimmbassin, von dem aus die Schwimmer (*auch:* man, wenn man schwimmt, ... sieht) das Meer sehen. *(II 17,11)*

f) *Adsunt huic opinioni meae leges, quae nec brevitatem dicentibus, sed copiam – hoc est diligentiam – suadent.* (substantivisch gebrauchtes Partizip)
Meine Meinung (unter)stützen die Gesetze, die den Rednern nicht zur Kürze, sondern zur Fülle – d. h. zur Genauigkeit – raten. *(I 20,11)*

g) *Audivi enim te saepe referentem esse ibi aera salubrem esse.* (mit *esse* verbundenes Partizip statt eines Infinitiv Präsens)
Ich habe nämlich gehört, wie du oft erzähltest (ich habe dich nämlich oft erzählen hören), dass die Luft dort gesund sei. *(V 19,7)*

Übung 8

a) *ineunte adulescentia*
zu Beginn der Jugend (freier: als ganz junger Mann) *(De imp. Cn. Pomp. 28)*

b) *M. Marcello a te huic ordini populoque Romano et rei publicae reddito*
Als Marcus Marcellus von dir diesem Stand, dem römischen Volk und dem Staat zurückgegeben worden war … *(Pro M. Marcello 33)*

c) *Cn. Pompeio duce*
Unter der Führung des Cn. Pompeius … *(De imp. Cn. Pomp. 34)*

d) *hoc parricida civium interfecto*
Nach der Hinrichtung dieses Mörders der Bürger (nachdem … getötet worden ist/war) … *(In Catilinam I 29)*

e) *Non est omnibus stantibus necesse dicere.*
Es ist nicht nötig zu sprechen (Man braucht nicht …), während alle stehen. *(Pro M. Marcello 33)*

f) *Tum vero clarissimis viris interfectis lumina civitatis extincta sunt.*
Damals aber sind, weil (dadurch, dass) die berühmtesten Männer getötet worden sind, die Leuchten der Bürgerschaft ausgelöscht worden. *(In Catilinam III 24)*

g) *Iudicium me uno defendente vicit.*
Den Prozess gewann er, wobei ich als Einziger ihn verteidigte (mit mir allein als Verteidiger). *(In Verrem II 1,139)*

h) *Palam iam cum hoste nullo inpediente bellum iustum geremus.*
Wir werden nun öffentlich einen/den gerechten Krieg mit dem Feind führen, ohne dass uns jemand behindert (wobei niemand uns behindert). *(In Catilinam II 1)*

i) *Num dubitas id me imperante facere, quod iam tua sponte faciebas?*
Zögerst du etwa, das auf meinen Befehl hin zu tun, was du schon freiwillig zu tun versuchtest (Imperfectum de conatu; *freier:* tun wolltest)? *(In Catilinam I 13)*

j) *etiam si quem habetis, qui conlatis signis exercitus regios superare posse videatur*
… auch wenn ihr jemanden habt, der in offener Feldschlacht (*wörtl.* nachdem die Feldzeichen vereinigt worden sind) anscheinend die königlichen Heere besiegen kann. *(De imp. Cn. Pomp. 66)*

k) *Haec omnia, iudices, imprudente L. Sulla facta esse certo scio.*
Ich weiß sicher, ihr Richter, dass dies alles ohne Wissen von L. Sulla geschah. *(Pro Sexto Roscio 22)*

l) *M. Marcellum deprecantibus vobis rei publicae conservavit.*
Er hat M. Marcellus gerettet, weil ihr (um Gnade) für den Staat batet. *(Pro M. Marcello 13)*

m) *Nuper M. Aurelio Scauro postulante Pericles Ephesius, homo nobilissimus, Romam evocatus est.*
Pericles aus Ephesos, ein höchst vornehmer Mann, wurde neulich auf Verlangen des M. Aurelius Scaurus nach Rom gerufen. *(In Verrem II 1,85)*

n) *Hoc erepto praesidio nullam sibi rem adiumento fore arbitrabatur.*
Er glaubte, wenn (ihm) dieser Schutz entrissen sei, werde ihm nichts mehr eine Hilfe sein. *(In Verrem I 3,* im Original *arbitraretur* statt *arbitrabatur)*

o) *Causa cognita possunt multi absolvi, incognita quidem condemnari nemo potest.*
Nach der Untersuchung des Falles können viele freigesprochen werden, ohne dass man ihn *(gemeint ist der Fall)* untersucht hat, kann freilich niemand verurteilt werden. *(In Verrem II 1)*

p) *Fecerunt id servi Milonis nec imperante nec sciente nec praesente domino.*
Dies taten Milos Sklaven, wobei ihr Herr dies weder befahl noch wusste noch (selbst) anwesend war (ohne dass ihr Herr dies …). *(Pro Milone 29)*

q) *Hoc autem uno interfecto intellego hanc rei publicae pestem paulisper reprimi, non in perpetuum comprimi posse.*
Ich erkenne aber, dass dann, wenn dieser Einzige getötet worden ist, dieses Verderben des Staates sich ein wenig aufhalten, jedoch nicht für immer unterdrücken lässt (*wörtl.* aufgehalten … werden kann). *(In Catilinam I 30)*

r) *Etenim quaero, si quis pater familias liberis suis a servo interfectis, uxore occisa, incensa domo supplicium de servo non acerbissumum sumpserit, utrum is clemens ac misericors an inhumanissimus et crudelissimus esse videatur.*
Ich frage nämlich, ob dann, wenn irgendein Familienvater, nachdem seine Kinder von einem Sklaven getötet worden sind, seine Gattin umgebracht und sein Haus angezündet worden ist, an dem Sklaven nicht die härteste

Strafe vollzogen hat, dieser als mild und barmherzig oder als höchst unmenschlich und grausam erscheint. *(In Catilinam IV 12)*

s) *Divisa sententia est postulante nescio quo.*
Der Antrag kam auf die Forderung von irgendjemandem hin separat zur Abstimmung. *(Pro Milone 14)*

t) *At ille vobis audientibus cum fabris se domum meam venturum esse dixit.*
Jener aber sagte, wobei ihr zuhörtet, er werde mit den Arbeitern in mein Haus kommen. *(Phil. I 12)*

Übung 9

a) *vivente eo*
Als er lebte; zu seinen Lebzeiten … *(II 4,2)*

b) *Marcianus inductus est absente Prisco.*
Marcianus wurde in Abwesenheit des Priscus hineingeführt. *(II 11,9)*

c) *nondum periculo appropinquante, conspicuo tamen*
Als/Wobei die Gefahr noch nicht nahe, aber doch (schon) sichtbar war … *(VI 16,12)*

d) *Eximitur dies me gaudente.*
Der Termin wird zu meiner Freude ausgesetzt (wobei ich mich freue). *(V 9,2)*

e) *Aeschinen aiunt petentibus Rhodiis legisse orationem suam.*
Man sagt, Aeschines habe auf Bitten der Rhodier hin seine Rede vorgetragen. *(IV 5,1)*

f) *Liber legitur, interdum etiam praesentibus amicis.*
Es wird ein Buch vorgelesen, manchmal auch in Gegenwart von Freunden. *(III 1,4)*

g) *Qui cum legisset Rhodiis orationem Demosthenis admirantibus cunctis, adiecisse fertur …*
Als dieser den Rhodiern unter allgemeiner Bewunderung eine Rede des Demosthenes vorgelesen hatte, soll er hinzugefügt haben … *(II 3,10)*

h) *Decessit superstitibus suis, florente re publica, quae illi omnibus carior erat.*
Er starb, als (wobei) die Seinen noch lebten und der Staat in Blüte stand, der ihm lieber war als alles. *(I 12,11)*

i) *Omissis iocis credo decentes esse servos, qui sunt empti mihi ex consilio tuo.*
Scherz beiseite, ich glaube, dass die Sklaven gut aussehen, die mir nach deinem Rat gekauft worden sind. *(I 21,2)*

j) *Proinde faventibus dis trade eum praeceptori, a quo mores primum, mox eloquentiam discat.*
Übergib ihn deshalb unter dem Beistand der Götter (*wörtl.* wobei die Götter gewogen sind) einem Lehrer, von dem er zuerst (gute) Sitten, dann Beredsamkeit lernen soll. *(III 3,7)*

bung 10

a) *voluntas accusandi*
der Wille anzuklagen (zur Anklage) *(In Caecilium 24)*

b) *audax est ad conandum*
Er ist dreist im (*wörtl.* zum) Versuchen. *(In Verrem I 2)*

c) *prope cottidiana dicendi exercitatio*
die (eine) fast tägliche Übung (*wörtl.* des Redens) im Reden *(De imp. Cn. Pomp. 2)*

d) *tantum facultatis ad agendum*
ein so großes Verhandlungsgeschick (*wörtl.* eine so große Fähigkeit zum Verhandeln) *(De imp. Cn. Pomp. 2)*

e) *Quoniam ad dicendum impedimento est aetas …*
Weil ja das Alter für das (*wörtl.* zum) Sprechen ein Hindernis darstellt (das Sprechen behindert) … *(Pro Sexto Roscio 149)*

f) *Illorum calamitatem commemorando augere nolo.*
Ich will deren Unglück (*wörtl.* das U. jener) nicht vergrößern, indem ich es erwähne. *(In Verrem I 5)*

g) *Hoc non enim exprobrandi causa, sed commonendi gratia dicam.*
Ich will dies nämlich nicht sagen, um Vorwürfe zu machen (als Vorwurf), sondern um zu ermahnen. *(Pro Sexto Roscio 45)*

h) *labor in negotiis, fortitudo in periculis, industria in agendo, celeritas in conficiendo, consilium in providendo*
Anstrengung bei (der Erledigung von) Aufgaben, Tapferkeit in Gefahren, Fleiß beim (im) Handeln, Schnelligkeit bei der Ausführung, Planungsfähigkeit/Entschlusskraft beim Treffen von Vorkehrungen (*wörtl.* beim Vorsorgen) *(De imp. Cn. Pomp. 29)*

i) *Nullius tantum flumen est ingeni(i), nullius dicendi aut scribendi tanta vis, tanta copia, ...*
Keiner besitzt eine solche (*wörtl.* so große) Menge an Können, keiner eine so große Gewalt und Fülle im Sprechen und im Schreiben *(Pro Marcello 4)*

j) *Quamquam mihi semper conspectus vester multo iucundissimus, hic autem locus ad agendum amplissimus, ad dicendum ornatissimus est visus, Quirites, ...*
Obwohl mir euer Anblick immer als der bei weitem angenehmste, dieser Ort aber als der bedeutendste für Verhandlungen und der ehrenvollste zum Reden erschienen ist, Quiriten, ...
(De imp. Cn. Pomp. 1)

Übung 11

a) *in iudicibus legendis*
bei der Auswahl der Richter *(Pro Milone 21)*

b) *ad dilacerandam rem publicam*
zum Zerfleischen des Staates *(Pro Milone 24)*

c) *causa illius opprimendi*
der Grund, jenen zu überwältigen *(Pro Milone 40)*

d) *sui malefici(i) occultandi causā*
um seine Übeltat zu verbergen *(Pro Sexto Roscio 122)*

e) *in vi inferenda*
beim Antun von Gewalt *(Pro Milone 51)*

f) *Occasionem sibi ad occupandam Asiam oblatam esse arbitratur.*
Er glaubt, nun biete sich *(wörtl. Perfekt Passiv)* für ihn die Gelegenheit, Asien zu besetzen. *(De imp. Cn. Pomp. 4)*

g) *Nam ceterarum provinciarum vectigalia, Quirites, tanta sunt, ut eis ad ipsas provincias tutandas vix contenti esse possimus.*
Denn die Steuereinnahmen aus den übrigen Provinzen sind so gering, Quiriten, dass wir mit ihnen zum Schutz der Provinzen selbst kaum zufrieden sein können (*freier:* dass sie kaum zum ... ausreichen).
(De imp. Cn. Pomp. 14)

h) *Erat opinio fani locupletissimi et religiosissimi diripiendi causa in eas oras nostrum esse exercitum adductum.*
Es herrschte die Meinung, unser Heer sei in diese Gegend geführt worden, um das reichste und ehrwürdigste Heiligtum zu plündern.
(De imp. Cn. Pomp. 23)

Übung 12

a) *Dicendum est enim de Cn. Pompei singulari eximiaque virtute.*
Man muss nämlich über die einzigartige und außerordentliche Tüchtigkeit des Cn. Pompeius sprechen. *(De imp. Cn. Pomp. 3)*

b) *Non fuit illud facinus puniendum.*
Jene Übeltat musste nicht bestraft werden. *(Pro Milone 16)*

c) *Quid agendum sit, ipsi considerate.*
Überlegt selbst, was zu tun ist (getan werden muss). *(De imp. Cn. Pomp. 6)*

d) *Delenda est vobis illa macula Mithridatico bello superiore concepta.*
Ihr müsst jenen Schandfleck tilgen, den ihr euch im vorherigen Krieg gegen Mithridates zugezogen habt. *(De imp. Cn. Pomp. 7)*

e) *Hoc non est ferendum.*
Dies ist unerträglich (*wörtl.* darf/braucht man nicht ertragen).
(Pro Sexto Roscio 34)

f) *Videte, quem vobis animum suscipiendum putetis.*
Seht, welche Einstellung ihr glaubt, gewinnen/fassen zu müssen.
(De imp. Cn. Pomp. 11)

g) *Cum luxuria nobis, cum amentia, cum scelere certandum est.*
Wir müssen mit der Verschwendungssucht, mit dem Wahnsinn und mit dem Verbrechen kämpfen. *(In Catilinam II 11)*

h) *Non possum oblivisci meam hanc esse patriam, me horum esse consulem, mihi aut cum his vivendum aut pro his esse esse moriendum.*
Ich kann nicht vergessen, dass dies mein Vaterland ist, dass ich der Konsul dieser (Menschen) bin, (und) dass ich entweder mit ihnen leben oder für sie sterben muss. *(In Catilinam II 27)*

i) *Palam agere coepit et aperte dicere occidendum* (erg. *esse*) *Milonem.*
Er begann, offen vorzugehen und unverhohlen zu sagen, Milo müsse getötet werden. *(Pro Milone 25)*

j) *Id enim consili(i) mihi profecto dabitis, quod egomet mihi necessario capiendum intellego.*
Ihr werdet mir nämlich tatsächlich diesen Rat für einen Plan geben, den ich, wie ich erkenne, notwendigerweise fassen muss. *(In Verrem I 11)*

Übung 13

a) Es war ganz besonders zu wünschen (wünschenswert), ihr Richter. *(In Verrem I 1)*

b) O denkwürdige/erwähnenswerte Gerichte (*wörtl.* G., die man erwähnen muss) und hervorragender Ruf unseres Standes! *(In Verrem I 14)*

c) ich, der ich weder hinsichtlich meines Alters noch meiner Begabung noch meines Ansehens mit denen, die (hier) sitzen, verglichen werden kann (vergleichbar bin) *(Pro Sexto Roscio 1)*

d) Aber auch diese Sache sah (*sinngemäß:* erlebte) das römische Volk nicht nur, sondern glaubte, man müsse sie betrachten und feiern (... hielt sie für betrachtens- und feiernswert). *(De imp. Cn. Pomp. 61)*

Übung 14

a) *Eum hominem occidendum curavit.*
Er ließ diesen Menschen/Mann töten. *(Pro Sexto Roscio 103)*

b) *Tot praedia tam pulchra, tam fructuosa Sex. Roscius filio suo colenda ac tuenda tradiderat?*
Hatte Sextus Roscius seinem Sohn so viele so schöne und so ertragreiche Landgüter zur Bewirtschaftung und zur Erhaltung überlassen? *(Pro Sexto Roscio 43)*

c) *is, qui uno die tota in Asia, tot in civitatibus, uno nuntio omnis civis (= omnes cives) Romanos necandos trucidandosque curavit*
der, der an einem einzigen Tag in ganz Asien, in so vielen Städten, durch eine einzige Nachricht alle römischen Bürger töten und niedermetzeln ließ *(De imp. Cn. Pomp. 7)*

Übung 15

a) *in dicendo:* Gerundium; *quaerendus est:* prädikatives Gerundivum (G. „des Müssens“)
So muss ich mich in meiner Ansprache (wörtl.: beim Reden) nicht so sehr um Fülle als um Maß(halten) bemühen. *(De imp. Cn. Pomp. 3)*

b) *bellandi:* Gerundium; *quaerenda est:* prädikatives Gerundivum (G. „des Müssens")
Bei einem sehr bedeutenden und vollkommenen Feldherrn ist nämlich nicht nur die Fähigkeit, Krieg zu führen, zu verlangen (*freier:* darf man nicht nur ... verlangen), sondern ... *(De imp. Cn. Pomp. 36)*

c) *de imperatore deligendo:* Gerundivum in attributiver Verwendung; *esse dicendum:* prädikatives Gerundivum (G. „des Müssens")
Es scheint mir, dass ich zunächst über die Art des Krieges, dann über seine Größe, schließlich über die Wahl des Feldherrn sprechen muss.
(De imp. Cn. Pomp. 6)

d) *in dicendo:* Gerundium; *praetereunda sunt:* prädikatives Gerundivum (G. „des Müssens")
Und obwohl ihr seht, mit welcher Schnelligkeit dies vollbracht wurde, darf ich dennoch in meiner Rede darüber nicht hinweggehen.
(De imp. Cn. Pomp. 34)

e) *laetandum esse:* prädikatives Gerundivum (G. „des Müssens"); *(ratione) dicendi:* Gerundium
Und ich sehe, dass ich mich zu Recht vor allem darüber freuen darf, dass – bei dieser mir unbekannten Situation von dieser Stelle aus zu sprechen – mir ein derartiger Fall angeboten wurde, bei welchem niemand die Worte (*wörtl.* die Rede) fehlen können. *(De imp. Cn. Pomp. 3)*

f) *dicendi:* Gerundium; *in consule deligendo:* attributives Gerundivum
Bedeutsam und höchst würdig (*wörtl.* erfüllt von Würde) ist auch jene Fähigkeit zu sprechen (*freier:* Redegabe), die oft bei der Wahl eines Konsuls ausschlaggebend war. *(Pro Murena 24)*

g) *patris ulciscendi causa:* attributives Gerundiv
Die gelehrtesten Männer haben überliefert, dass der, der seine Mutter getötet habe, um seinen Vater zu rächen, nicht allein aufgrund göttlichen Urteils, sondern sogar dessen der weisesten Göttin freigesprochen wurde.
(Pro Milone 8)

h) *defendendi:* Gerundium; *hominis occidendi causa* (2 ×); *sui defendendi causa:* attributive Gerundiva
Jedoch gibt das Gesetz selbst, das nicht die Tötung eines Menschen verbietet (*verbal:* dass ein M. getötet wird), sondern, dass man eine Waffe bei sich hat, um einen Menschen zu töten, sehr weise und gewissermaßen (still-) schweigend die Möglichkeit, sich zu verteidigen, sodass, weil die Sache,

nicht die Waffe untersucht wurde, der, der zu seiner Verteidigung eine Waffe benutzt hatte, nicht verurteilt wurde, eine Waffe bei sich gehabt zu haben, um einen Menschen zu töten. *(Pro Milone 11)*

Übung 16

a) *in dicendo*
beim Sprechen/in der Rede *(I 8,17)*

b) *dulcedo ... tecum loquendi;*
das angenehme Gefühl, mit dir zu sprechen *(II 5,13)*

c) *dies totos audiendo discendoque consumere*
ganze Tage mit (Zu-)Hören und Studieren (hörend und studierend) verbringen *(I 10,11)*

d) *ad imitandum non optima quaeque proponere*
sich nicht das jeweils Beste zur Nachahmung vornehmen *(I 5,13)*

e) *Non est, quod contemnas hoc studendi genus.*
Es gibt keinen Grund, dass du diese Art des Studierens verachtest. (I 6,2)

Übung 17

a) Prädikatives Gerundivum („G. des Müssens")
Neque enim tantopere mihi considerandum est.
Ich darf nämlich nicht so sehr überlegen. *(I 7,3)*

b) Prädikatives Gerundivum („G. des Müssens")
pleraque, quae sunt agenda
das Meiste, was zu tun ist (getan werden muss) *(I 8,7)*

c) Attributiv gebrauchtes Gerundivum (hier übersetzbar wie ein Adjektiv)
Si silenda feceris, factum ipsum (culpatur), si laudanda non sileas, ipse culparis.
Wenn man (etwa) etwas getan hat, was verschwiegen werden sollte, wird die Tat selbst getadelt, wenn man Lobenswertes (etwa) nicht verschweigt, empfängt man den Tadel selbst. *(I 8,15)*

d) Attributiv gebrauchtes Gerundivum
Ille me ad signandum testamentum rogavit.
Jener bat mich um die Unterzeichnung des Testaments. *(I 9,2)*

e) Attributiv gebrauchtes Gerundivum
ad liberos suscipiendos
zur Annahme von Kindern *(II 7,5)*

f) Attributiv gebrauchtes Gerundivum
Pervenit ad ius tribunatus petendi.
Er erhielt das Recht (*wörtl.* gelangte zu ...), sich um das Tribunat zu bewerben. *(II 9,2)*

g) Prädikatives Gerundivum („G. des Müssens")
Arrianus Maturus mihi tamen ornandus excolendusque est.
Ich muss Arrianus Maturus dennoch zu Ehre und Ansehen bringen. *(III 2,4)*

h) Prädikatives Gerundivum („G. des Müssens")
Non praeceptor modo, sed custos etiam rectorque quaerendus est.
Man muss aber nicht nur einen Lehrer, sondern auch einen Hüter und Lenker suchen. *(III 3,4)*

i) *Rogo, ut, si qua existimabitis addenda, commutanda, omittenda, indicetis mihi.*
Wenn ihr der Meinung seid (*wörtl.* Fut. I), dass etwas hinzugefügt, verändert oder weggelassen werden muss, so bitte ich euch, mir dies mitzuteilen. *(III 10,5)*

j) *... cum ob innocentes condemnandos, interficiendos etiam, pecunias accepisset.*
... weil er wegen der Verurteilung, (ja) sogar Tötung Unschuldiger Geld(er) erhalten hatte. *(II 11,2)*

ung 18

a) Prädikatives Gerundivum (unter Ausfall von *esse*)
Manendum mihi statuebam.
Ich war der Ansicht, bleiben zu müssen. *(Phil. I 1)*

b) Attributives Gerundivum (zu übersetzen wie ein Gerundium)
in sedandis discordiis
beim Beschwichtigen von Zwistigkeiten *(Phil. I 1)*

c) Prädikatives Gerundivum (unter Ausfall von *esse*)
Omnem memoriam discordiarum oblivione sempiterna delendam censui.
Ich sprach mich dafür aus, jegliche Erinnerung an die Streitigkeiten müsse durch ewiges Vergessen ausgelöscht werden. *(Phil. I 1)*

d) Attributives Gerundivum (zu übersetzen wie ein Gerundium)
ad salutem communem defendendam
zur Verteidigung des Gemeinwohls *(Phil. II 17)*

e) Attributives Gerundivum (zu übersetzen wir ein Adjektiv, das etwas zu Leistendes ausdrückt)
O incredibilem audaciam, o inpudentiam praedicandam!
Oh, was für eine unglaubliche Dreistigkeit, was für eine anzuprangernde Unverschämtheit! *(Phil. II 4)*

f) Prädikatives Gerundivum (mit *esse*; „G. des Müssens")
Respondi maximis criminibus; nunc etiam reliquis respondendum est.
Ich habe auf die schwersten Vorwürfe geantwortet, nun muss ich auch auf die übrigen (Punkte) Antwort geben. *(Phil. I 36)*

g) Attributives Gerundivum (zu übersetzen wie ein Gerundium)
ingenii acuendi causa
um den Geist zu schärfen *(Phil. II 42)*

h) Gerundium
vivendi nimia cupiditate
in dem übergroßen Wunsch, am Leben zu bleiben (*wörtl.* zu leben) *(Phil. III 29)*

i) Prädikatives Gerundivum (zum Ausdruck eines Zweckes)
Quid hic victor audebit, qui falsas leges C. Caesaris nomine et falsa decreta in aes incidenda et in Capitolio figenda curaverit?
Was wird dieser als Sieger wagen, der unter dem Namen C. Caesars falsche Gesetze und falsche Anordnungen in Erz hat einmeißeln und auf dem Kapitol anbringen (*wörtl.* befestigen) lassen? *(Phil. III 30)*

j) Prädikatives Gerundivum (unter Ausfall von *esse*)
Antequam de re publica, patres conscripti, dicam ea, quae dicenda hoc tempore arbitror, exponam vobis breviter consilium et profectionis et reversionis meae.
Bevor ich über den Staat das sage, was, wie ich glaube, zum gegenwärtigen Zeitpunkt gesagt werden muss, will ich euch kurz meine Absicht(en) hinsichtlich meiner Abreise und meiner Rückkehr darlegen. *(Phil. I 1)*

bung 19 a) *Quae ego nequaquam arbitror neglegenda.*
Prädikatives Gerundivum (mit *esse*, das hier entfallen ist; „Gerundiv des Müssens")
Dies darf man, wie ich glaube, keineswegs vernachlässigen. *(I 14, 8)*

b) *Adnota, quae putaveris corrigenda.*
Attributiv gebrauchtes Gerundiv (das hier etwas angibt, das getan werden muss, und sich freier wie ein Adjektiv übersetzen lässt)
Vermerke, was du (etwa) für verbesserungsbedürftig hältst. *(III 13, 5)*

c) *Sed ego nec rogandus sum nec hortandus.*
Prädikatives Gerundivum (mit *esse*; „Gerundiv des Müssens")
Mich aber muss (*schöner:* braucht) man weder (zu) bitten noch (zu) ermahnen. *(III 15, 2)*

d) *Omnes enim, qui placendi causa scribunt, qualia placere viderint, scribent.*
Gerundium
Denn alle, die schreiben, um zu gefallen, werden solches schreiben, von dem sie sehen, dass es gefällt (das, wie sie sehen, gefällt). *(III 18, 10)*

e) *Erat homo ingeniosus, et qui plurimum in scribendo et salis haberet et fellis nec candoris minus.*
Gerundium
Er war ein geistvoller Mann, der beim Schreiben über sehr viel Witz und Bitterkeit, aber nicht weniger Ehrlichkeit verfügte (sehr viel ... zeigte). *(III 21, 1)*

f) *Gratias ago, quod agellum, quem nutrici meae donaveram, colendum suscepisti.*
Prädikatives Gerundivum (zur Angabe des Zweckes)
Ich sage (*erg.* dir) Dank, dass du das Gütchen, das ich meiner Amme geschenkt hatte, zur Bewirtschaftung übernommen hast (*freier:* dass du die B. des Gütchens ...). *(II 9, 4)*

g) *Equidem beatos puto, quibus deorum munere datum est aut facere scribenda aut scribere legenda.*
Attributiv gebrauchtes Gerundiv (das hier wie ein Adjektiv übersetzt werden kann)
Ich freilich halte die für glücklich, denen (es) durch ein Geschenk der Götter gegeben ist, entweder etwas Aufschreibenswertes zu tun oder etwas Lesenswertes zu schreiben. *(VI 16, 3)*

h) *Nam pater ei Erucius Clarus, vir sanctus, disertus atque in agendis causis exercitatus.*
Attributiv gebrauchtes Gerundiv
Denn sein Vater ist Erucius Clarus, ein gewissenhafter und beredter Mann, der in (im Führen von) Prozessen versiert (*wörtl.* geübt) ist. *(II 9,4)*

i) *Extorquebo ei librum legendumque, immo ediscendum mittam tibi.*
Prädikatives Gerundivum (zur Angabe des Zweckes)
Ich werde ihm das Buch entwinden und dir zum Lesen, ja sogar Auswendiglernen schicken. *(VI 21,7)*

j) *Gloria dignum est summo viro in tanta eligendi facultate placuisse!*
Gerundium
Es ist des Ruhmes würdig (*freier:* ruhmvoll), einem sehr bedeutenden Mann bei einer so großen Auswahlmöglichkeit gefallen zu haben. *(VII 31,4)*

Übung 20

a) Relativer Satzanschluss
Als ich diesen freilich aus der Stadt vertrieb, sah ich dies (im Geist) voraus, ihr Quiriten, … *(In Catilinam III 16)*

b) Relativsatz mit konsekutivem Nebensinn
Wer ist also noch übrig (*wörtl. Plural, frei:* Wen gibt es eigentlich noch …), den das göttliche Los erfreut (erfreuen könnte)? *(Phil. III 26)*

c) Der Relativsatz geht dem Demonstrativsatz voran, wobei das Demonstrativpronomen selbst entfallen ist und ergänzt werden muss.
Die nämlich, die mit dem Staat Krieg führen, warteten diesen Tag nicht ab. *(Phil. V 1)*

d) Relativsatz mit konsekutivem Nebensinn
Wen gibt es nämlich, der dies nicht einsähe … *(Phil. III 4)*

e)
- *qui:* der Relativsatz geht dem Demonstrativsatz voran, wobei das Demonstrativpronomen selbst entfallen ist und ergänzt werden muss
- *quem:* relativer Satzanschluss

Diejenigen, die glauben, dieser sei glücklich gewesen, sind selbst Unglückliche. *(Phil. I 35)*

f) Zweimaliges Entfallen von *ali-* bei *cui* und *quid* nach *si.*
Oder wird, wenn jener irgendjemandem irgendetwas versprochen hat, dies festgesetzt (*frei:* verbindlich) sein? *(Phil. I 17)*

g) Verschränkter Relativsatz
Aber auch den Brief, von dem er sagte, ich hätte diesen an ihn geschrieben, las der Mensch vor, der keinerlei Anstand hatte. *(Phil. II 7)*

h) Verschränkter Relativsatz
Alle die, welche, wie ihr seht, in diesem Prozess anwesend sind (deren Anwesenheit … ihr wahrnehmt), meinen, das Unrecht müsse abgewehrt werden. *(Pro Sexto Roscio 1)*

i) Verschränkter Relativsatz
Und als ich sah, dass die unter uns weilten und in Rom zurückgeblieben waren, von denen ich wusste, dass sie (die, wie ich wusste, …), in höchster Raserei und Ruchlosigkeit entflammt waren, verbrachte ich alle Tage und Nächte damit, zu erfahren und zu sehen, was sie trieben.
(In Catilinam III 4)

bung 21

a) Relativer Satzanschluss
Diesen Irrtum hat sie gesühnt. *(VIII 10,1)*

b) Der Relativsatz ist dem Hauptsatz vorangestellt. Das Demonstrativpronomen ist entfallen, ein *is* muss gedanklich vor *qui* ergänzt werden.
Wer Fehler hasst, hasst die Menschen. *(VIII 22,3)*

c) Der Relativsatz ist dem Hauptsatz vorangestellt. „Ihr" muss in der deutschen Übersetzung vor dem Relativpronomen ergänzt werden.
Ihr, die ihr dafür stimmt, (geht) auf diese Seite. *(VIII 14,19)*

d) Verschränkter Relativsatz
Denn wer muss nicht fürchten, was – wie wir sehen – dem Verginius geschehen ist? *(VI 10,6)*

e) Modusattraktion aufgrund des Vorliegens eines Konjunktives im übergeordneten Satz
Ich rechnete mir aus, dass eine Entschuldigung für mich leichter sein werde, wenn ein Fall eingetreten wäre, bei dem ich nicht anklagen dürfte.
(III 4,8)

Übung 22

a) Potentialis der Gegenwart
Doch was könntest du mir (wohl/etwa) schließlich entgegenhalten, wenn ich (etwa) abstritte, jemals diesen Brief an dich geschrieben zu haben, durch welchen Zeugen könntest du mich überführen? *(Phil. II 8)*

b) Deliberativ
Was soll ich über L. Cinna sagen? *(Phil. III 26)*

c) Optativ (erfüllbarer Wunsch der Gegenwart)
Es möge ihm so geschehen, Quiriten, wie ihr es erbittet, und es möge die Strafe für diesen Wahnsinn auf ihn selbst und seine Familie zurückfallen. *(Phil. IV 10)*

d) Hortativ
Lasst uns den ganzen Fall entrollen, ihr Richter, und, wenn er vor unseren Augen (ausgebreitet da) liegt, abwägen. *(Pro Sexto Roscio 34)*

e) Irrealis (der Gegewart)
Ich würde davon sprechen, Dolabella, welche Frucht (*freier:* welches Ergebnis) für richtiges Handeln es gibt (*freier:* richtiges Handeln einbringt), wenn ich nicht sähe (*freier:* wüsste), dass du mehr als die Übrigen darin Erfahrung hast. *(Phil. I 30)*

Übung 23

a)
- *cur …:* indirekter Fragesatz;
- *cum:* cum concessivum bedingt den Konjunktiv; zudem würde Modusattraktion eintreten (Abhängigkeit von einem Satz im Konjunktiv). Denkbar wäre auch die Übersetzung als cum adversativum.

Ich frage das (*wörtl.* jenes), warum er im Senat so zahm gewesen ist, obwohl/während er bei Edikten so wild gewesen war (*freier:* aufgetreten war). *(Phil. III 23)*

b)
- *ut:* bedingt den Konjunktiv;
- *qui:* Relativsatz mit konsekutivem Nebensinn (zusätzlich Modusattraktion).

Welcher Fügung des Schicksals soll ich es denn zuschreiben (*wörtl.* Durch welche Fügung des Schicksals soll ich denn sagen, geschieht es), ihr Senatoren, dass niemand in diesen zwanzig Jahren ein Feind des Staates gewesen ist, der nicht zur gleichen Zeit auch mir den Krieg angesagt hat? *(Phil. II 1)*

c) • *qui:* Relativsatz mit konsekutivem Nebensinn;
• *quae:* Relativsatz mit konsekutivem Nebensinn; Modusangleichung
Aber wie viele hat es eurer Meinung nach gegeben, die nicht glaubten, was ich anzeigte.
(In Catilinam II 3)

d) Relativsatz mit konsekutivem Nebensinn
Es gab keinen, der nicht lieber alles wagen wollte, als zu sehen, wie sich auf den Gütern des Sextus Roscius, eines vortrefflichen und höchst ehrbaren Mannes, Titus Roscius brüstete und (dort) herrschte.
(Pro Sexto Roscio 26)

e) Relativsatz mit konsekutivem Nebensinn
Unterdessen kommt dieser T. Roscius, ein trefflicher Mann, nach Ameria, er dringt in dessen Güter ein, er vertreibt diesen Armen, von Trauer Gebrochenen, der sogar noch nicht (einmal) vollständig für das väterliche Begräbnis Genüge geleistet hatte, mittellos aus dem Haus.
(Pro Sexto Roscio 23)

Übung 24
- *quibus aliquid contra Caesarem Pompeio suaserim:* konsekutiver Relativsatz
- *ea velim reprehendas:* erfüllbarer Wunsch der Gegenwart
- *si potes, unum, ne quinquennii imperium Caesari prorogaret, alterum, ne pateretur ferri:* abhängige Begehrsätze (verneint)
- *ut absentis eius ratio haberetur:* explikatives ut
- *quorum si utrumvis persuasissem, in has miserias numquam incidissemus:* Irrealis der Vergangenheit

Es gab dennoch zwei Zeitpunkte, in denen ich Pompeius etwas gegen Caesar (Gerichtetes) geraten habe. Dies(e Ratschläge) mögest du tadeln, wenn du kannst: beim ersten Mal, dass er Caesar den Oberfehl nicht für weitere fünf Jahre verlängern solle, beim zweiten Mal, dass er nicht duldete, dass er ertragen werde (*tautologisch; freier:* dass er nicht zulasse solle ...), dass auf ihn in seiner Abwesenheit Rücksicht genommen wurde. Wenn ich ihn von dem einen oder anderen hätte überzeugen können, wären wir niemals in diese unglückliche Lage geraten. *(Phil. II 24)*

Übung 25

a) Potentialis der Gegenwart
Du glaubst vielleicht, ich hätte meiner Liebe nachgegeben. *(I 14,10)*

b) Optativ (erfüllbarer Wunsch der Gegenwart)
Mögest du dies (doch) tun. *(I 4,3)*

c) Konzessiv (der Gegenwart)
Sie sollen (mir) ruhig schmeicheln, wenn sie mir durch diese Lüge meine Studien angenehm machen. *(I 2,6)*

d) Irrealis der Gegenwart
Du würdest dich wundern, wenn du dabei wärest, mit welcher Geduld er selbst diese Krankheit erträgt. *(I 22,7)*

e) Unerfüllbarer Wunsch der Vergangenheit
Ich wollte, dass die afrikanischen Tiere, die du in sehr großer Zahl zusammengekauft hattest, zum festgesetzten Tag eingetroffen wären. *(VI 34,3)*

Übung 26

a) Abhängiger Fragesatz
Sieh, da sagt Regulus zu dir: „Ich frage (dich), Secundus, wie du über Modestus urteilst.“ *(I 5,5)*

b) Relativsatz mit konsekutivem Nebensinn
Seit langer Zeit schickst du mir keinen Brief. „Es gibt nichts, was ich dir schreiben könnte“, sagst du. *(I 11,1)*

c) Abhängigkeit von einem Satz mit einer Infinitivkonstruktion
Ich gestehe, dass man auf diese (= die Kürze) achten muss, wenn die Sache es erlaubt. *(I 20,1)*

d) Relativsatz mit konsekutivem Nebensinn
Es gibt keinen Grund, dass du diese Art des Studierens verachtest. *(I 6,2)*

e) Indirekter Fragesatz
Herr, ich kann mit Worten nicht ausdrücken, eine wie große Freude du mir gemacht hast. *(X 2,1)*

Übung 27

a) Ich fand heraus, dass mehrere Körbe mit sizilischem Geld von einem bestimmten Senator zu einem römischen Ritter gebracht worden seien. Von diesen seien etwa zehn Körbe bei jenem Senator für meine Wahl zurückgelassen worden; (und) Geldausteiler aus allen Wahlbezirken seien in der Nacht zu diesem gerufen worden. *(In Verrem I 22)*

b) Von diesen kommt ein bestimmter in eben jener Nacht zu mir. Er legt dar, was dieser gesagt habe (welcher Rede sich dieser bedient habe): Dieser habe erwähnt, wie großzügig er sie vorher behandelt habe, als er sich selbst um die Prätur beworben habe. Hierauf habe er sofort so viel Geld, wie sie wollten, versprochen, wenn sie mich vom Ädilenamt ausschlössen *(wörtl. Plusquamperf.)*. Hier hätten die einen gesagt, sie wagten es nicht; die anderen hätten geantwortet, sie glaubten nicht, dass man dies fertigbringen könne. Dennoch habe man einen tapferen Freund aus derselben Familie gefunden – C. Verres. *(In Verrem I 23)*

c) Als aber die Gallier hereingeführt worden waren, sagten sie, ihnen sei von Lentulus, Cethegus und Statilius ein eidliches Versprechen und ein Brief an ihren Stamm übergeben worden und es sei ihnen (so) von diesen vorgeschrieben worden, möglichst bald die Reiterei nach Italien zu schicken; an Fußtruppen werde ihnen kein Mangel sein (sie würden keinen Mangel ... haben). Lentulus aber habe ihnen versichert, er sei gemäß den Sibyllinischen Sprüchen und den Antworten der Opferschauer zufolge jener dritte Cornelius, an den die Herrschaft über diese Stadt und die Gewalt gelangen sollten; vor ihm seien es Cinna und Sulla gewesen. Derselbe habe gesagt, dieses Jahr sei vom Schicksal für den Untergang dieser Stadt und des Reiches bestimmt, welches das zehnte Jahr nach der Freisprechung der Vestalischen Jungfrauen, aber das zwanzigste nach dem Brand des Kapitols sei. *(In Catilinam III 9)*

ung 28

a) *venditio:* Verkauf, gelegentlich Versteigerung

b) *cumulo:* (auf/an-)häufen, überhäufen, vergrößern, vermehren, vollständig machen

c) *adaugeo:* vermehren, vergrößern

d) *perniciosus, -a, -um:* verderblich, schädlich

e) *displiceo:* missfallen

f) *temere*: blindlings, unüberlegt, zufällig

g) *commoneo:* erinnern, auffordern

h) *tribulis*: Tribusgenosse, Landsmann (die beiden anderen Ableitungen von *tribulum* oder *tribulus* sind angesichts der Thematik der Cicero-Reden abwegig)

i) *anser:* Gans

j) *cibaria* (in dieser Form als dritte Möglichkeit beim Adjektiv *cibarius* angegeben): Lebensmittel, Proviant, Futter

k) unter „inl-“ Verweis auf „ill-“ → *illudo:* (spielend hinschreiben), verspotten, täuschen, betrügen, verderben

l) *odi:* hassen, verschmähen

m) *neuter, -tra, -trum:* kein(er) von beiden (*-ne* ist ein Fragepartikel)

n) *ostium:* Tür, Tor, Mündung (*übertragen:* Behausung)

o) *tu* (darunter auch *vos:* euch; *-met:* Verstärkung): du

Übung 29

a) den Helfershelfer (Spießgesellen) und Gehilfen (bei) deiner Dreistigkeit *(In Catilinam I 7)*

b) Wo auf der Welt sind wir (denn)? *(In Catilinam I 9)*

c) wider die Gewohnheit *(In Catilinam III 6)*

d) der große und verderbliche Abschaum des Staates *(In Catilinam I 12)*

e) das Schandmal *(In Catilinam I 13)*

f) Jene früheren Taten habe ich ertragen, wie ich (es) konnte. *(In Catilinam I 18)*

g) irgendwie (*wörtl.* ich weiß nicht, auf welche Weise; auf irgendeine Weise) *(In Catilinam I 31)*

h) nach der Entfernung Catilinas (*wörtl.* nachdem Catilina fortgeschafft war) *(In Catilinam II 7)*

i) schon vom Alter geschwächt *(im Akk.)* *(In Catilinam II 20)*

bung 30 a)
- *gravissime et acerbissime ferre:* höchst ungern und erbittert ertragen (*freier:* sehr aufgebracht und erbittert darüber sein)
- *necessitudo:* enges Verhältnis, Freundschaft, (Verwandtschaft → hier wegen der Erwähnung von *familiaritas* weniger wahrscheinlich)
- *arbiter:* Schiedsrichter (weitere Bedeutungen: Augenzeuge, Richter)
- *petitio:* Bewerbung (weitere Bedeutungen: Angriff, Bitte, Anspruchsrecht); diese Bedeutung wird daraus ersichtlich, dass etwas weiter unten von *consulatum petenti* die Rede ist
- *gratiosus:* als Subst. (was angesichts der weiteren Substantive der Reihe *amico/consule* anzunehmen ist) „Günstling"; ansonsten „beliebt, begünstigt, freundlich, gefällig"

b)
- *ornatus* (-a, -um): (aus)gerüstet, geschmückt, schön, ehrenvoll, rühmlich; geehrt, geachtet: hier sicher eine der beiden letzteren Bedeutungen, da das zum Adjektiv gewordene PPP sich auf einen Menschen bezieht und in Verbindung zu seiner weiteren Eigenschaft *sapientissimi* steht.
- *ratio:* u. a. Rechnung, Rechenschaft, Rücksicht, Art und Weise, Vernunft, Verhalten, Ansicht, Richtung, Lehre, Anschauung; hier eigentlich nur eine der letzten fünf Bedeutungen möglich, da von Veränderungen die Rede ist.

c)
- *obliviscor:* vergessen; in *oblitum* liegt ein PPP (Nom. Sg. Neutr. oder Akk. Sg. Mask. o. Neutr.; hier auf *me* bezogen Akk. Sg. Mask.) vor (das bei Deponentien gerne gleichzeitig zum Hauptverb übersetzt wird)
- *satis-facio:* Genüge leisten, befriedigen, (gelegentlich: bezahlen, sich entschuldigen, Aufschluss geben, überzeugen); Infinitiv Präsens Aktiv
- *accuso:* anklagen (sich beschweren, tadeln); 2. Pers. Sg. Konj. Präs. Passiv
- *confiteor:* gestehen, offenbaren, zeigen: 1. Pers. Sg. Ind. Präs. (der Form nach Passiv, aber in aktivischer Verwendung, da Deponens)
- *audeo:* (begierig sein, mögen, wollen), wagen: 2. Pers. Sg. Konj. Perf. (der Form nach Passiv, aber in aktivischer Verwendung, da Semideponens)

Übung 31 **Text 1: In Verrem II 1,53–54**

a) HS | GS 1 | GS 2 | GS 3

Aspendum vetus oppidum et nobile in Pamphylia scitis esse,
plenissimum signorum optimorum.
Non dicam illinc hoc signum ablatum esse et illud.
Hoc dico nullum te Aspendi signum, Verres, reliquisse,
omnia ex fanis, ex locis publicis,
palam, spectantibus omnibus, plaustris evecta exportataque esse.
Atque etiam illum Aspendium citharistam, sustulit et in intimis suis aedibus posuit,
ut etiam illum ipsum suo artificio superasse videatur.
Pergae fanum antiquissimum et sanctissimum Dianae scimus esse:
Id quoque a te nudatum ac spoliatum esse,
ex ipsa Diana,
quod habebat auri,
detractum atque ablatum esse dico.
Quae … est ista tanta audacia atque amentia!

Der Text enthält fast ausschließlich Hauptsätze. Lediglich zweimal findet sich ein Gliedsatz erster Ordnung.

b) HS | GS 1 | GS 2 | GS 3

Aspendum vetus oppidum et nobile in Pamphylia scitis esse, **AcI**
plenissimum signorum optimorum.
Non dicam illinc hoc signum ablatum esse et illud. **AcI**
Hoc dico nullum te Aspendi signum, Verres, reliquisse, **AcI**
omnia ex fanis, ex locis publicis,
palam, spectantibus omnibus, plaustris evecta exportataque esse. **Abl. abs.**
Atque etiam illum Aspendium citharistam, sustulit et in intimis suis aedibus posuit,
ut etiam illum ipsum suo artificio superasse videatur. **NcI**
Pergae fanum antiquissimum et sanctissimum Dianae scimus esse: **AcI**
Id quoque a te nudatum ac spoliatum esse, **AcI**
ex ipsa Diana,
quod habebat auri,
detractum atque ablatum esse dico. **AcI**
Quae … est ista tanta audacia atque amentia!

Die in dem Text vorherrschende Konstruktion ist der AcI.

c) Ihr wisst, dass Aspendum eine alte und vornehme Stadt in Pamphylien ist, ganz voll von besten Statuen. Ich will nicht sagen, dass (*erg.* einfach nur) diese und jene (*freier:* jede) Statue von dort weggenommen wurde. Dies sage ich, dass du, Verres, in Aspendum keine Statue zurückgelassen hast, (erg. sondern) dass (*erg.* vielmehr) alles, während alle zuschauten, unverhohlen auf Lastwagen aus den Tempeln und (von) allen öffentlichen Orten weggeschafft und hinausgetragen worden ist.
Auch jenen Leierspieler von Aspendum hat er weggenommen und im Innersten seines Hauses aufgestellt, sodass es scheint, als habe er sogar jenen selbst durch seine Kunstfertigkeit übertroffen.
Wir wissen, dass in Perge ein sehr alter und sehr heiliger Tempel der Diana ist (steht). Ich behaupte, dass auch dieser von dir entblößt und geplündert wurde, (und) dass von der Dianastatue selbst alles, was sie an Gold hatte (besaß/aufwies ...), abgenommen und weggeschleppt worden ist. Welche so große Frechheit und ebensolcher Wahnsinn ist das!

Übung 32 **Text 2: In Verrem II 4, 77**

a) **HS** **GS 1** **GS 2** **GS 3**

Repertum esse, iudices, scitote neminem,
neque liberum neque servum, neque civem neque peregrinum,
    qui illud signum auderet attingere;
barbaros quosdam Lilybaeo scitote adductos esse operarios;
ii denique illud ignari totius negotii ac religionis mercede accepta sustulerunt.
    Quod cum ex oppido exportabatur,
quem conventum mulierum factum esse arbitramini,
quem fletum maiorum natu?
Quorum non nulli etiam illum diem memoria tenebant,
    cum illa eadem Diana Segestam Carthagine revecta victoriam populi Romani reditu suo nuntiasset.
Quam dissimilis hic dies illi tempori videbatur!
Tum imperator populi Romani, vir clarissimus,
deos patrios reportabat Segestanis ex urbe hostium recuperatos:
nunc ex urbe sociorum praetor eiusdem populi turpissimus atque impurissimus eosdem illos deos nefario scelere auferebat.

Auch in diesem Text finden sich lediglich Hauptsätze und Gliedsätze erster Ordnung.

b)

HS	GS 1	GS 2	GS 3	
Repertum esse, iudices, scitote neminem, neque liberum neque servum, neque civem neque peregrinum,				AcI
	qui illud signum auderet attingere;			
barbaros quosdam Lilybaeo scitote adductos esse operarios;				AcI
ii denique illud ignari totius negotii ac religionis mercede accepta sustulerunt.				Abl. abs.
	Quod cum ex oppido exportabatur,			rel. SA
quem conventum mulierum factum esse arbitramini, quem fletum maiorum natu?				AcI
Quorum non nulli etiam illum diem memoria tenebant,				rel. SA
	cum illa eadem Diana Segestam Carthagine revecta victoriam populi Romani reditu suo nuntiasset.			PC
Quam dissimilis hic dies illi tempori videbatur! Tum imperator populi Romani, vir clarissimus, deos patrios reportabat Segestanis ex urbe hostium recuperatos: nunc ex urbe sociorum praetor eiusdem populi turpissimus atque impurissimus eosdem illos deos nefario scelere auferebat.				PC

c) Ihr sollt wissen, ihr Richter, dass sich niemand fand, weder ein Freier noch ein Sklave, weder ein Bürger noch ein Fremder, der gewagt hätte (*wörtl.* der es wagte), jenes Bildnis zu berühren. Ihr sollt wissen, dass einige ausländische Arbeiter aus Lilybaeum herbeigeholt wurden; diese haben jenes schließlich, nachdem sie ihren Lohn dafür erhalten hatten, in Unkenntnis der ganzen Angelegenheit und des heiligen Charakters weggeschafft. Was für eine Versammlung von Frauen, was für ein Gejammer der Älteren gab es, glaubt ihr, als es aus der Stadt hinausgetragen wurde? Von diesen hatten manche sogar noch jenen Tag im Gedächtnis, als eben jene Diana, aus Karthago nach Segesta zurückgebracht, durch ihre Rückkehr den Sieg des römischen Volkes verkündet hatte. Wie ungleich jener Zeit erschien (doch) dieser Tag! Damals brachte ein Feldherr des römischen Volkes, ein hochberühmter Mann, den Segestanern die aus der Stadt der Feinde wiedergewonnenen heimischen Götter wieder, nun schaffte der schändlichste und schmutzigste Prätor desselben Volkes jene gleichen Götter durch ein gottloses Verbrechen aus einer Stadt von Bundesgenossen weg.

Übung 33 **Text 3: Pro Sexto Roscio 9 f.**

a) HS | GS 1 | GS 2 | GS 3

His de rebus tantis tamque atrocibus
neque satis me commode dicere
neque satis graviter conqueri
neque satis libere vociferari posse intellego.
Nam commoditati ingenium, gravitati aetas, libertati tempora sunt impedimento.
Huc accedit summus timor,
quem mihi natura pudorque meus attribuit,
et vestra dignitas et vis adversariorum et Sex. Rosci pericula.
Quapropter vos oro atque obsecro, iudices,
ut attente verba mea audiatis.
Fide sapientiaque vestra fretus plus oneris sustuli
quam ferre me posse intellego.
Hoc onus si vos aliqua ex parte adlevabitis,
feram,
ut potero,
iudices;
sin a vobis,
id
quod non spero,
deserar,
tamen animo non deficiam et id,
quod suscepi,
quoad potero,
perferam.
Quod si perferre non potero,
opprimi me onere officii malo
quam id,
quod mihi semel impositum est,
aut propter perfidiam abicere aut propter infirmitatem animi deponere.

b) Im Text findet sich von den gesuchten Konstruktionen lediglich dreimal ein AcI in folgenden Sätzen:

HS	GS 1	GS 2	GS 3	
His de rebus tantis tamque atrocibus				AcI
neque satis me commode dicere				
neque satis graviter conqueri				
neque satis libere vociferari posse intellego.				
(…)				
Fide sapientiaque vestra fretus plus oneris sustuli				
	quam ferre me posse intellego.			AcI
	Hoc onus si vos aliqua ex parte adlevabitis,			
feram,				
	ut potero,			
studio et industria, iudices:				
	sin a vobis,			
	id			
		quod non spero,		
	deserar,			
tamen animo non deficiam et id,				
	quod suscepi,			
	quoad potero,			
perferam.				
	Quod si perferre non potero,			rel. SA
opprimi me onere officii malo				AcI
	quam id,			
		quod mihi semel impositum est,		
	aut propter perfidiam abicere aut propter infirmitatem animi deponere.			

c) Ich erkenne, dass ich über diese so schwerwiegenden und schrecklichen Dinge weder angemessen genug sprechen noch nachdrücklich genug klagen noch mich freimütig genug auslassen kann. Denn der Angemessenheit steht meine Geisteskraft, dem Nachdruck mein Alter und der Freiheit die zeitlichen Umstände im Wege. Dazu kommt ein sehr hohes Maß an Furchtsamkeit, die mir meine natürliche Schüchternheit auferlegt hat, eure Würde, die Macht der Gegner und die Gefahren für Sextus Roscius. Deshalb flehe ich euch inständig an, ihr Richter, dass ihr aufmerksam meine Worte anhört.
Im Vertrauen auf eure Zuverlässigkeit und Weisheit habe ich, wie ich erkenne, eine größere Last auf mich genommen, als ich tragen kann. Wenn

ihr mir diese Last ein wenig erleichtert (erleichtern werdet), werde ich sie, so weit ich kann *(wörtl. Fut. I)* tragen, ihr Richter, wenn ich aber von euch im Stich gelassen werde *(wörtl. Fut. I)*, was ich nicht hoffe, werde ich dennoch den Mut nicht sinken lassen und das, was ich auf mich genommen habe, ertragen, soweit ich dazu in der Lage sein werde. Wenn ich aber nicht in der Lage sein werde, es zu ertragen, will ich lieber von der Last der Aufgabe niedergedrückt werden als das, was mir einmal auferlegt worden ist, entweder aus Treulosigkeit wegzuwerfen oder aus Kleinmut niederzulegen.

Übung 34 **Text 4: Oratio cum senatui gratias egit 36**

a) **HS** **GS 1** **GS 2** **GS 3**

Quapropter, patres conscripti,
quoniam in rem publicam sum pariter cum re publica restitutus,
non modo in ea defendenda nihil minuam de libertate mea pristina,
sed etiam adaugebo.
Etenim si eam tum defendebam,
cum mihi aliquid illa debebat,
quid nunc me facere oportet,
cum ego illi plurimum debeo?
Nam quid est,
quod animum meum frangere aut debilitare possit,
cuius ipsam calamitatem non modo nullius delicti,
sed etiam divinorum in rem publicam
beneficiorum testem esse videatis?
Nam importata est,
quia defenderam civitatem,
et mea voluntate suscepta est,
ne a me defensa res publica per eundem me extremum in
discrimen vocaretur.

b) Im Text ist von den genannten Konstruktionen lediglich ein Gerundivum und ein AcI enthalten:

Quapropter, patres conscripti,
quoniam in rem publicam sum pariter cum re publica restitutus,
non modo in ea defendenda nihil minuam de libertate mea pristina, **Gerundivum**
sed etiam adaugebo.
Nam quid est,
quod animum meum frangere aut debilitare possit,
cuius ipsam calamitatem non modo nullius delicti, **AcI/vs. RS**
sed etiam divinorum in rem publicam beneficiorum testem esse videatis?

c) Es liegt ein attributives Gerundivum vor (das übersetzt wird wie ein Gerundium).

d) Bei *quid est, quod* ... findet sich zunächst ein konsekutiver Relativsatz, der Konjunktiv im abhängigen Satz lässt sich mit Modusattraktion begründen, wobei aber auch hier der Sinn des Relativsatzes als konsekutiv erklärt werden kann.

e) Deshalb, ihr (versammelten) Väter, weil ich ja zusammen (zugleich) mit der *res publica* in die *res publica* zurückgerufen worden bin, werde ich nicht nur bei ihrer Verteidigung (mich nicht nur bei ihrer Verteidigung nicht weniger einsetzen) keine Abstriche bezüglich meiner alten/früheren Freiheit machen, sondern sie noch steigern. Denn wenn ich sie (schon) damals verteidigte, als jene mir etwas/einiges schuldete, was muss ich (*erg.* dann erst) jetzt tun, wo ich ihr (da ich ihr doch ...) sehr vieles verdanke? Denn was gibt es, was mich (*wörtl.* meinen Geist) entmutigen oder schwächen könnte, (mich,) dessen Unglück selbst, wie ihr seht, nicht nur Zeuge keines Vergehens, sondern sogar (*erg.* geradezu) göttlicher Wohltaten für den Staat ist?
Denn es ist (*erg.* mir) auferlegt worden, weil ich den Staat verteidigt hatte, und ich habe es freiwillig auf mich genommen *(wörtl. Passiv)*, damit der von mir verteidigte Staat nicht ebenso durch mich in äußerste Gefahr gebracht würde.

Übung 35 **Text 5: Phil. XII 30**

a)

HS	GS 1	GS 2	GS 3
	Haec quoque tanta pericula si effugero,		
satisne tutum reditum putatis fore?			
	Cum enim et vestram auctoritatem meo more defendero et meam fidem rei publicae constantiamque praestitero,		
tum erunt mihi non ii solum,			
	qui me oderunt,		
sed illi etiam,			
	qui invident,		
extimescendi.			
Custodiatur igitur vita mea rei publicae eaque,			
	quoad vel dignitas vel natura patietur,		
patriae reservetur;			
mors aut necessitatem habeat fati aut,			
	si ante oppetenda est,		
oppetatur cum gloria.			
	Haec cum ita sint,		
	etsi hanc legationem res publica,		
			ut levissime dicam,
	non desiderat,		
tamen,			
	si tuto licebit ire,		
proficiscar.			
Omnino, patres conscripti, totum consilium non meo periculo, sed utilitate rei publicae metiar.			
De qua mihi,			
	quoniam liberum est spatium,		
multum etiam atque etiam considerandum puto idque potissimum faciendum,			
	quod maxime interesse rei publicae iudicaro.		

b) **HS | GS 1 | GS 2 | GS 3**

HS	GS 1	GS 2	GS 3	
	Haec quoque tanta pericula si effugero,			
satisne tutum reditum putatis fore?				**AcI**
	Cum enim et vestram auctoritatem meo more defendero et meam fidem rei publicae constantiamque praestitero,			
tum erunt mihi non ii solum,				**Gerundivum**
	qui me oderunt,			
sed illi etiam,				
	qui invident,			
extimescendi.				
Custodiatur igitur vita mea rei publicae eaque,				
	quoad vel dignitas vel natura patietur,			
patriae reservetur;				
mors aut necessitatem habeat fati aut,				
	si ante oppetenda est,			**Gerundivum**
oppetatur cum gloria.				
	Haec cum ita sint,			
	etsi hanc legationem res publica,			
		ut levissime dicam,		
	non desiderat,			
tamen,				
	si tuto licebit ire,			
proficiscar.				
Omnino, patres conscripti, totum consilium non meo periculo, sed utilitate rei publicae metiar.				
De qua mihi,				**rel. SA**
	quoniam liberum est spatium,			
multum etiam atque etiam considerandum puto idque potissimum faciendum,				**AcI /Gerundivum**
	quod maxime interesse rei publicae iudicaro.			**AcI/vs. RS**

c) Bei allen Gerundiv-Konstruktionen handelt es sich um prädikative Gerundiva mit *esse* („Gerundiv des Müssens"), wobei beim letzten der Infinitiv *esse* innerhalb der AcI-Konstruktion entfallen ist.

d) In *quod ... iudicaro* liegt ein verschränkter Relativsatz vor, während der Satz mit einem relativen Satzanschluss beginnt, *de qua* also mit einem Demonstrativpronomen zu übersetzen ist.

e) Glaubt ihr, dass meine Rückkehr, wenn ich auch diesen so großen Gefahren entronnen bin, genügend sicher sein wird? Wenn ich nämlich nach meiner Gewohnheit (*wörtl.* sowohl) euer Ansehen verteidigt und (*wörtl.* als auch) dem Staat meine Treue und meine Festigkeit bewiesen habe, dann werde ich nicht nur die, die mich hassen, sondern auch die, die mich beneiden, fürchten müssen. Es möge also mein Leben für den Staat bewahrt werden und es, soweit (entweder) Ehre oder Natur es zulassen (*wörtl.* werden), für die Heimat erhalten werden; der Tod soll entweder die Notwendigkeit des Schicksals haben, oder, wenn er vorher erlitten werden muss, ruhmvoll (*wörtl.* mit Ruhm) erlitten werden. Da dem so ist, werde ich, auch wenn der Staat diese Gesandtschaft, um den mildesten Ausdruck zu gebrauchen, nicht wünscht, dennoch aufbrechen, wenn es möglich ist (*wörtl.* sein wird), sicher zu reisen. Überhaupt, ihr (versammelten) Väter, werde ich den ganzen Plan nicht nach meiner Gefahr, sondern nach dem Nutzen für den Staat beurteilen. Über diesen glaube ich, weil ja (noch) freie Zeit ist, immer wieder gründlich (*wörtl.* viel, sehr) nachdenken und vorzugsweise das machen zu müssen, was, wie ich meine, dem Staat am meisten förderlich ist.

bung 36 **Text 6: Pro Sestio 40 (= 86)**

a) **HS** | **GS 1** | **GS 2** | **GS 3**

Et tu hoc loco laudas Milonem et iure laudas.
Quem enim umquam virum tam immortali virtute vidimus?
Qui nullo praemio proposito praeter hoc,
    quod iam contritum et contemptum putatur,
iudicium bonorum,
omnia pericula, summos labores, gravissimas contentiones
inimicitiasque suscepit;
qui mihi unus ex omnibus civibus videtur re docuisse, non verbis,
        et quid oporteret a praestantibus viris in re publica fieri et
        quid necesse esset:
oportere hominum audacium, eversorum rei publicae, sceleri legibus
et iudiciis resistere;
    si leges non valerent,
iudicia non essent,
    si res publica vi consensuque audacium armis oppressa
    teneretur,
praesidio et copiis defendi vitam et libertatem necesse esse.
Hoc sentire prudentiae est, facere fortitudinis;
et sentire vero et facere perfectae cumulataeque virtutis (est).

b) **HS** **GS 1** **GS 2** **GS 3**

Et tu hoc loco laudas Milonem et iure laudas.
Quem enim umquam virum tam immortali virtute vidimus?
Qui nullo praemio proposito praeter hoc, **Abl. abs.**
quod iam contritum et contemptum putatur,
iudicium bonorum,
omnia pericula, summos labores, gravissimas contentiones
inimicitiasque suscepit;
qui mihi unus ex omnibus civibus videtur re docuisse, non verbis, **NcI**
et quid oporteret a praestantibus viris in re publica fieri et **AcI**
quid necesse esset:
oportere hominum audacium, eversorum rei publicae, sceleri **AcI**
legibus et iudiciis resistere; **Oratio**
si leges non valerent, **obliqua**
iudicia non essent,
si res publica vi consensuque audacium armis oppressa
teneretur,
praesidio et copiis defendi vitam et libertatem necesse esse. **AcI**
Hoc sentire prudentiae est, facere fortitudinis;
et sentire vero et facere perfectae cumulataeque virtutis (est).

c) Die grammatikalische Erscheinung ist eine Passage in indirekter Rede (Oratio obliqua).

d) Auch (Und) du lobst Milo an dieser Stelle und du lobst ihn zu Recht. Welchen Mann von so unsterblicher Tüchtigkeit haben wir nämlich jemals gesehen?
Dieser nahm, ohne dass ihm eine Belohnung in Aussicht gestellt worden war (obwohl ihm keine …) außer der, die schon als abgenutzt und verachtet gilt, (nämlich) dem Urteil der Guten, alle Gefahren, höchste Mühen und schwerste Streitigkeiten und Feindseligkeiten auf sich; dieser scheint mir als Einziger von allen Bürgern durch die Tat, nicht durch Worte, (darüber) belehrt zu haben, was hervorragende Männer im Staat tun müssten (*wörtl. Passiv:* was von … getan werden müsse) und was nötig sei: Nötig sei, dem Verbrechen dreister Menschen, der Zerstörer des Staates, mit Gesetzen und Gerichten Widerstand zu leisten; wenn die Gesetze keine Geltung hätten, gäbe es keine Gerichte, wenn der Staat durch Waffen(gewalt) unterdrückt werde, sei es nötig, das Leben und die Freiheit durch Schutztruppen zu verteidigen (*wörtl.* dass … verteidigt würden).

Dies zu denken, ist ein Zeichen von Klugheit, es zu tun, ist ein Zeichen von Tapferkeit; es aber zu denken und zu tun, beweist vollendete und vollkommene (ganz und gar vollkommene) Tüchtigkeit.

bung 37

Text 7: Sokrates über den Tod (Tusc. I 72)

a) | HS | GS 1 | GS 2 | GS 3 |

Ita enim censebat itaque disseruit
duas esse vias
duplicesque cursus animorum e corpore excedentium:
nam
qui se humanis vitiis contaminavissent et
se totos libidinibus dedissent,
quibus caecati
vel domesticis vitiis atque flagitiis se inquinavissent
vel re publica violanda fraudes inexpiabiles concepissent,
iis devium quoddam iter esse
seclusum a concilio deorum;
qui autem se integros castosque servavissent
essentque in corporibus humanis vitam imitati deorum,
iis ad illos,
a quibus essent profecti,
reditum facilem patere.

Ein explizites Subjekt taucht nirgendwo auf; dieses ist jedes Mal im Verb inbegriffen bzw. durch einen Relativsatz umschrieben.

b)

HS	GS 1	GS 2	GS 3		
Ita enim censebat itaque disseruit					
duas esse vias					
duplicesque cursus animorum e corpore excedentium:				AcI/PC	
nam					
	qui se humanis vitiis contaminavissent et				
	se totos libidinibus dedissent,				
		quibus caecati		PC	
		vel domesticis vitiis atque flagitiis se inquinavissent			
		vel re publica violanda fraudes inexpiabiles		Gerun-	
		concepissent,		divum	Or.
iis devium quoddam iter esse				AcI	obl.
seclusum a concilio deorum;				AcI	
	qui autem se integros castosque servavissent				
	essentque in corporibus humanis vitam imitati deorum,				
iis ad illos,				AcI	
	a quibus essent profecti,				
reditum facilem patere.				AcI	

c) Nach dem Doppelpunkt folgt nur noch indirekte Rede.

d) So nämlich glaubte er und so erörterte er es (*freier:* sagte er es in seinen Erörterungen), dass es zwei Wege und zwei Richtungen für die Seelen gebe, die den Körper verließen: Die nämlich, die sich mit menschlichen Lastern beschmutzt und sich ganz den Leidenschaften hingegeben hätten, durch die verblendet sie sich entweder mit privaten Lastern und Schandtaten befleckt hätten oder durch die Verletzung des Staates unsühnbare Vergehen auf sich geladen hätten, für die gebe es einen abseitigen Weg, ausgeschlossen von der Gemeinschaft der Götter; die aber, die sich untadelig und rein bewahrt hätten und in ihren menschlichen Körpern das Leben der Götter nachgeahmt hätten, denen stehe zu jenen, von denen sie ihren Ausgang genommen hätten, eine leichte Rückkehr offen.

Übung 38 **Text 8: Die Krankheiten der Seele (Tusc. III 3)**

a) | HS | GS 1 | GS 2 | GS 3 |
|---|---|---|---|
| At et morbi perniciosiores pluresque sunt animi quam corporis | | | |
| – hi enim ipsi odiosi sunt, | | | |
| | quod ad animum pertinent eumque sollicitant –, | | |
| „animusque aeger“, | | | |
| | ut ait Ennius, | | |
| „semper errat neque pati neque perpeti potest, | | | |
| cupere numquam desinit.“ | | | |
| Quibus duobus morbis, | | | |
| | ut omittam alios, | | |
| aegritudine et cupiditate, | | | |
| qui tandem possunt in corpore esse graviores? | | | |
| Qui vero probari potest, | | | |
| | ut sibi mederi animus non possit, | | |
| | | cum ipsam medicinam corporis animus invenerit, | |
| | | cumque ad corporum sanationem | |
| | | multum ipsa corpora et natura valeat, | |
| | | animi autem, | |
| | | | qui se sanari voluerint |
| | | | praeceptisque sapientium paruerint, |
| | | sine ulla dubitatione sanentur? | |

b) | HS | GS 1 | GS 2 | GS 3 | |
|---|---|---|---|---|
| (…) | | | | |
| Qui vero probari potest, | | | | |
| | ut sibi mederi animus non possit, | | | |
| | | cum ipsam medicinam corporis animus invenerit, | | |
| | | cumque ad corporum sanationem | | |
| | | multum ipsa corpora et natura valeat, | | |
| | | nec omnes | | |
| | | | qui curari se passi sint, | AcI |
| | | | continuo etiam convalescant | |
| | | animi autem, | | |
| | | | qui se sanari voluerint | AcI |
| | | | praeceptisque sapientium paruerint, | |
| | | sine ulla dubitatione sanentur? | | |

c) Da es sich um Fragesätze handelt, muss *qui* in beiden Fällen als Fragepronomen aufgefasst werden, in Satz 2 gedanklich zu beziehen auf ein nicht mehr explizit genanntes *morbi,* in Satz 3 bedeutet es „wie“. *Quibus* am Anfang des Satzes 2 ist relativer Satzanschluss, wobei *quibus duobus morbis* einen Ablativus comparationis darstellt, auch vor der Übersetzung schon erschließbar aus dem Komparativ *graviores,* zu dem es sonst keine Vergleichsgröße gäbe.

d) Aber die Krankheiten der Seele sind sowohl viel schädlicher als auch häufiger als die Krankheiten des Körpers – diese nämlich sind selbst hassenswert, weil sie die Seele betreffen und sie beunruhigen. „Und“, wie Ennius sagt, „eine kranke Seele irrt immer und kann weder leiden noch ertragen und hört niemals auf zu begehren. Welche Krankheiten des Körpers (*wörtl.* im …) Körper können schließlich schwerer sein – um andere zu übergehen –, als diese beiden (Krankheiten), Kummer und Begierde? Wie aber kann bewiesen werden, dass die Seele sich nicht heilen kann, da doch die Seele gerade das Heilmittel für den Körper erfunden hat, und für die Heilung der Körper gerade die Körper und die Natur viel leisten, und auch nicht alle, die sich heilen ließen, sofort gesund werden, die Seelen aber, die geheilt werden wollten und den Vorschriften der Weisen gehorchten, ohne jeglichen Zweifel geheilt werden?

Übung 39 **Text 9: Ad familiares I 6**

a)

HS	GS 1	GS 2	GS 3
	Quae gerantur,		
accipies ex Pollione,			
	qui omnibus negotiis non interfuit solum,		
	sed praefuit.		
Me in summo dolore,			
	quem [in] tuis rebus capio,		
maxime scilicet consolatur spes,			
	quod valde suspicor fore,		
		ut infringatur hominum improbitas et consiliis tuorum amicorum et ipsa die,	
			quae debilitat cogitationes et inimicorum et proditorum tuorum;

facile secundo loco me consolatur recordatio meorum temporum,
quorum imaginem video in rebus tuis,
nam,
etsi minore in re violatur tua dignitas,
quam mea afflicta est,
tamen est tanta similitudo,
ut sperem te mihi ignoscere,
si ea non timuerim,
quae ne tu quidem umquam timenda duxisti.
Sed praesta te eum,
qui mihi a teneris,
ut Graeci dicunt,
unguiculis es cognitus:
illustrabit,
mihi crede,
tuam amplitudinem hominum iniuria.
A me omnia summa in te studia officiaque exspecta:
non fallam opinionem tuam.

b) In folgenden Passagen finden sich satzwertige Konstruktionen:

HS | **GS 1** | **GS 2** | **GS 3**

Me in summo dolore,
quem [in] tuis rebus capio,
maxime scilicet consolatur spes,
quod valde suspicor fore, — **AcI**
ut infringatur hominum improbitas et consiliis tuorum amicorum et ipsa die,
quae debilitat cogitationes et inimicorum et proditorum tuorum;
facile secundo loco me consolatur recordatio meorum temporum,
quorum imaginem video in rebus tuis,
nam,
etsi minore in re violatur tua dignitas,
quam mea afflicta est,
tamen est tanta similitudo,
ut sperem te mihi ignoscere, — **AcI**
si ea non timuerim,
quae ne tu quidem umquam timenda duxisti. — **AcI/Gerundiv**

c) Was (hier) geschieht, wirst du von Pollio erfahren, der an allen Unternehmungen nicht nur teilgenommen hat, sondern eine leitende Rolle spielte. Mich tröstet im tiefsten Schmerz, der mich angesichts deiner Angelegenheiten befällt (den ich … zu empfinden beginne), ganz besonders natürlich die Hoffnung, dass ich ziemlich sicher vermute (dass es so kommen/*wörtl.* so sein wird), dass die Ruchlosigkeit der Menschen – sowohl durch die Pläne deiner Freunde als auch durch den Termin selbst, der die Gedanken deiner Gegner und deiner Verräter schwächt – eingedämmt (*wörtl.* abgebrochen) wird. Leicht tröstet mich ferner/weiter (*wörtl.* an zweiter Stelle) die Erinnerung an meine eigenen Bedrängnisse, deren Abbild ich in deinen Erlebnissen sehe; denn wenn deine Würde auch in einer geringeren Sache verletzt wird, als meine angefochten worden ist, gibt es dennoch eine so große Ähnlichkeit, dass ich hoffe, dass du mir verzeihst, wenn ich das nicht gefürchtet habe, was nicht einmal du jemals für fürchtenswert gehalten hast. Aber erweise dich als der, als den ich dich, wie die Griechen sagen, von zarten Fingernägeln an kennengelernt habe *(wörtl. Passiv)*; das Unrecht der Menschen wird deiner Würde noch mehr Glanz verleihen, glaube mir. Von mir erwarte dir gegenüber alle höchsten Bemühungen und Pflichterfüllung dir gegenüber; ich werde deine Erwartung nicht (ent)täuschen.

Übung 40 **Text 10: Ad familiares II 4**

a) **HS** **GS 1** **GS 2** **GS 3**

HS	GS 1	GS 2	GS 3
Epistularum genera multa esse non ignoras,			
sed unum illud certissimum,			
	cuius causa inventa res ipsa est,		
	ut certiores faceremus absentis,		
		si quid esset,	
			quod eos scire aut nostra aut ipsorum interesset.
Huius generis litteras a me profecto non exspectas.			
Tuarum enim rerum domesticos habes et scriptores et nuntios,			
in meis autem rebus nihil est sane novi.			
Reliqua sunt epistularum genera duo,			
	quae me magno opere delectant,		
unum familiare et iocosum,			
alterum severum et grave.			
	Utro me minus deceat uti,		
non intellego.			

iocerne tecum per litteras?
Civem mehercule non puto esse,
qui temporibus his ridere possit.
An gravius aliquid scribam?
Quid est
quod possit graviter a Cicerone scribi ad Curionem
nisi de re publica?
Atqui in hoc genere haec mea causa est,
ut neque ea,
quae sentio,
audeam neque ea,
quae non sentio,
velim scribere.

b) In folgenden Passagen finden sich satzwertige Konstruktionen:

HS **GS 1** **GS 2** **GS 3**

Epistularum genera multa esse non ignoras, **AcI**
sed unum illud certissimum,
cuius causa inventa res ipsa est,
ut certiores faceremus absentis,
si quid esset,
quod eos scire aut nostra aut ipsorum interesset. **AcI/vs. RS**

(...)
iocerne tecum per litteras?
Civem mehercule non puto esse, **AcI**
qui temporibus his ridere possit.
(...)

Es kommt eine Reihe von AcI – Konstruktionen vor, ansonsten jedoch keine der genannten grammatikalischen Erscheinungen.

c) Der mit *si* beginnende Satz mit dem Prädikat *esset* ist abhängig von einem Nebensatz mit Prädikat im Konjunktiv, daher tritt Modusattraktion ein, was für den von dem Konditionalsatz abhängigen *quod*-Satz dann ebenso gilt. In *utro ... deceat* finden wir einen indirekten Fragesatz. In *iocerne ...* liegt eine Überlegungsfrage (Deliberativ) vor (ausgewiesen durch Fragezeichen und Fragepartikel *ne*). Der Nebensatz *qui ... possit* ist abhängig von einem übergeordneten Satz, der eine Infinitivkonstruktion enthält, er lässt sich aber auch als konsekutiver Relativsatz erklären („ein Bürger von der Art, dass ..."). Bei *scribam* handelt es sich um einen Deliberativ (erkennbar an den Kennzeichen einer Frage: dem Fragezeichen und *an* zu Beginn des Satzes). In dem Satz *quod possit* liegt ein konsekutiver Relativsatz vor (erkennbar an der für konsekutive Relativsätze typischen Redewendung *quid est, quod …*).

d) Du weißt sehr wohl, dass es viele Arten von Briefen gibt, aber jene eine ganz unzweifelhafte, deretwegen die Sache selbst erfunden worden ist, dass wir nämlich die Abwesenden benachrichtigen können, wenn es etwas gebe (gibt), wovon (entweder) uns oder ihnen selbst daran läge, dass sie es wüssten. Einen Brief dieser Art erwartest du von mit sicherlich nicht. Denn für deine Angelegenheiten hast du deine häuslichen Berichterstatter und Boten, in meinen Angelegenheiten aber gibt es freilich nichts Neues. Es bleiben (noch) zwei Arten von Briefen übrig, die mich sehr erfreuen, die eine vertraut und scherzhaft, die andere streng und ernst. Welcher ich mich weniger bedienen soll, weiß ich nicht. Soll ich brieflich mit dir scherzen? Beim Herkules, es gibt, wie ich glaube, keinen Bürger, der in diesen Zeiten lachen kann. Oder soll ich irgendetwas Ernsteres schreiben? Was gibt es, was in ernsthafter Weise von Cicero an Curio geschrieben werden kann, außer (etwas) über den Staat? Und doch ist bei dieser Art (von Brief) dies meine Lage, dass ich das, was ich fühle, nicht zu schreiben wage, und ich das, was ich nicht fühle, nicht schreiben will.

Übung 41 Text 1: Ep. X 51

a) HS | GS 1 | GS 2 | GS 3

Difficile est, domine, exprimere verbis,
quantam perceperim laetitiam,
quod et mihi et socrui meae praestitisti,
ut affinem eius Caelium Clementem
in hanc provinciam transferres.
Ex illo enim et mensuram beneficii tui penitus intellego,
cum tam plenam indulgentiam cum tota domo mea experiar,
cui referre gratiam parem ne audeo quidem,
quamvis maxime possim.
Itaque ad vota confugio deosque precor,
ut iis,
quae in me assidue confers,
non indignus existimer.

In keinem der Sätze liegt ein Subjekt in Form eines Substantives oder Pronomens vor, es ist jedes Mal im Prädikat „enthalten“ (unpersönlicher Ausdruck „es …“ in Z. 1, ansonsten nur 1. Pers. Sg. und 2. Pers. Sg.).

b) In Text 1 ist von den genannten Konstruktionen keine enthalten. Eventuell könnte man in Satz 3 unter Ergänzung von *esse* einen NcI sehen:

HS	GS 1	GS 2	GS 3	
Itaque ad vota confugio deosque precor,				
	ut iis,			
		quae in me assidue confers,		
	non indignus (*erg.* esse) existimer.			**(NcI)**

c) Die Form *illo* ist ein Neutrum Singular. Es gibt kein Bezugswort im Maskulinum, auch kein direktes im Neutrum. Damit kann sich die Form eigentlich nur auf den Inhalt des gesamten Satzes beziehen. Die Form *iis* steht im Neutrum Plural. Das Genus ist aus dem vorherigen, mit *iis* korrespondierenden Relativpronomen *quae* erschließbar. Ins Deutsche übersetzt man diese Neutrum-Plural-Formen von Pronomina in aller Regel mit Neutrum Singular.

d) Es ist schwierig, Herr, (mit Worten) zu schildern (in Worte zu fassen), welch große Freude ich empfunden habe, dass du mir und meiner Schwiegermutter (*erg.* die Güte) erwiesen hast, ihren Verwandten Caelius Clemens in diese Provinz zu versetzen. Hieraus erkenne ich nämlich ganz (und gar/völlig) das Maß deines Wohlwollens, da ich mit meinem ganzen Haus (deine) so reiche Güte erfahre, für die gebührenden Dank abzustatten ich nicht einmal wage, obwohl ich es sehr wohl könnte. Deshalb nehme ich meine Zuflucht zu Gelübden und bitte die Götter, dass ich nicht dessen (*freier:* der Gnadenerweise) für unwürdig gehalten werde, was (die) du ununterbrochen auf mich häufst (mit denen du mich … überhäufst).

…ung 42 **Text 2: Ep. IX 35**

a)

HS	GS 1	GS 2	GS 3
Librum,			
	quem misisti,		
recepi et gratias ago.			
Sum tamen hoc tempore occupatissimus.			
Ideo nondum eum legi,			
	cum alioqui valdissime cupiam.		

Sed eam reverentiam cum litteris ipsis tum scriptis tuis debeo,
ut sumere illa nisi vacuo animo irreligiosum putem.
Diligentiam tuam in retractandis operibus valde probo.
Est tamen aliquis modus,
primum quod nimia cura deterit magis
quam emendat,
deinde quod nos a recentioribus revocat
simulque nec absolvit priora et
incohare posteriora non patitur.
Vale.

b) Die Sätze sind eher kurz; es kommen fast nur Nebensätze ersten Grades vor.

HS **GS 1** **GS 2** **GS 3**

Diligentiam tuam in retractandis operibus valde probo. **Gerundivum**

c) Es handelt sich jeweils um Superlativformen, wie sie freilich seltener sind: einmal um ein gesteigertes PPP, einmal um ein gesteigertes Adverb.

d) Das Buch, das du mir geschickt hast, habe ich erhalten und ich sage (dir) Dank. Doch bin ich gegenwärtig sehr in Anspruch genommen. Deshalb habe ich es noch nicht gelesen, obwohl ich es an sich überaus wünschte. Aber ich schulde diesen Respekt (sowohl) der Literatur selbst und besonders deinen Schriften, sodass ich es für unehrerbietig hielte, sie anders als mit freiem Kopf zur Hand zu nehmen. Deine Sorgfalt beim Überarbeiten deiner Werke findet besonders meinen Beifall. Es gibt dennoch ein bestimmtes Maß, zunächst, weil allzu große Sorge mehr verschlechtert als bessert, dann weil sie uns von neueren Arbeiten (*wörtl.* Neuerem) abhält und gleichzeitig weder das Frühere fertigstellt noch duldet, Späteres (*freier:* Weiteres) zu beginnen. Lebe wohl!

Übung 43 **Text 3: Ep. VII 26**

a) **HS** **GS 1** **GS 2** **GS 3**

Nuper me cuiusdam amici languor admonuit optimos esse nos,
dum infirmi sumus.
Quem enim infirmum aut avaritia aut libido sollicitat?
Non amoribus servit,
non appetit honores,
opes neglegit.

Tunc deos, tunc hominem esse se meminit,
invidet nemini, neminem miratur, neminem despicit
ac ne sermonibus quidem malignis aut attendit aut alitur:
balinea imaginatur et fontes.
Haec summa curarum, summa votorum (*erg.* est),
mollemque et pinguem, hoc est innoxiam beatamque destinat
vitam.
Possum ergo,
quod plurimis verbis,
plurimis etiam voluminibus philosophi docere conantur,
ipse breviter tibi mihique praecipere,
ut tales esse sani perseveremus,
quales nos futuros profitemur infirmi.
Vale.

b) **HS** **GS 1** **GS 2** **GS 3**

Nuper me cuiusdam amici languor admonuit optimos esse nos, **AcI**
dum infirmi sumus.
(…)
Tunc deos, tunc hominem esse se meminit, **AcI**
invidet nemini, neminem miratur, neminem despicit
ac ne sermonibus quidem malignis aut attendit aut alitur:
balinea imaginatur et fontes.
(…)
Possum ergo,
quod plurimis verbis,
plurimis etiam voluminibus philosophi docere conantur,
ipse breviter tibi mihique praecipere,
ut tales esse sani perseveremus,
quales nos futuros profitemur infirmi. **AcI**
Vale.

c) Bei *possum* handelt es sich um einen Realis, der ins Deutsche mit Konjunktiv übersetzt wird.

d) Neulich hat mich die Unpässlichke it eines (bestimmten) Freundes daran erinnert, dass es uns am besten geht, während wir krank sind. Welchen Kranken nämlich plagt (entweder) Habgier oder Leidenschaft? Er gibt sich nicht Liebschaften hin, begehrt keine Ehren und kümmert sich nicht um Reichtum. Dann erinnert er sich, dass es Götter gibt, dass er ein Mensch ist, er beneidet niemanden, niemanden bewundert er, er verachtet niemanden

und nicht einmal missgünstiges Gerede beachtet er oder erbaut sich daran. Er stellt sich Bäder und Quellen vor. Das ist alles, worum er sich sorgt und was er wünscht, und es verheißt ein angenehmes und behagliches, das heißt ein schuldloses und glückliches Leben.
Ich könnte das, was die Philosophen mit sehr vielen Worten auch in sehr vielen Büchern zu lehren versuchen, für dich und mich selbst in einer kurzen Lehre zusammenfassen, (nämlich) dass wir als Gesunde weiterhin so bleiben (*wörtl.* sind), wie wir als Kranke versprechen, sein zu wollen (werden).

Übung 44 **Text 4: Ep. X 70**

a) **HS** | **GS 1** | **GS 2** | **GS 3**

Quaerenti mihi, domine,
Prusae (ubi) posset balineum,
(quod) indulsisti,
fieri,
placuit locus
in (quo) fuit aliquando domus,
(ut) audio,
pulchra, nunc deformis ruinis.
Per hoc enim consequemur,
(ut) foedissima facies civitatis ornetur
atque etiam (ut) ipsa civitas amplietur.
Domus tota collapsa est ac iam paene
nihil ex ea nisi solum superest;
quod tu, domine, (sive) donaveris civitati
(sive) venire iusseris,
propter opportunitatem loci pro summo munere
accipiet.
Ego,
si permiseris,
cogito in area vacua balineum collocare,
eum autem locum,
in (quo) aedificia fuerunt,
exedra et porticibus amplecti.

b) |**HS** |**GS 1** |**GS 2** |**GS 3**

|Quaerenti mihi, domine, **PC**
    |Prusae ubi posset balineum,
        |quod indulsisti,
    |fieri,
|placuit locus
    |in quo fuit aliquando domus,
        |ut audio,
    |pulchra, nunc deformis ruinis.
|(…)
Domus tota collapsa est ac iam paene
nihil ex ea nisi solum superest;
    |quod tu, domine, sive donaveris civitati **rel. SA/**
    |sive venire iusseris, **AcI**
|…

c) Bei der Suche, mein Herr, wo in Prusa das Bad, das du bewilligt hast, gebaut werden könnte, gefiel mir ein Platz, auf dem einst ein, wie ich höre, schönes Haus war, das aber nun zerfallen und entstellt ist (*wörtl.* durch seinen Einsturz entstelltes Haus …). Dadurch werden wir nämlich erreichen, dass das ganz hässliche Gesicht der Stadt geschmückt (*freier:* verschönert) wird und auch, dass die Stadt selbst erweitert wird. Das Haus ist ganz eingestürzt und es ist nun beinahe nichts mehr von ihm übrig als der Boden; (und) diesen wird die Stadt, sei es, dass du, Herr, ihn ihr geschenkt hast, sei es, dass du ihn hast verkaufen lassen, wegen seiner günstigen Lage als außerordentliches Geschenk annehmen. Ich gedenke, wenn du das erlaubst, auf der freien Fläche ein Bad zu errichten, den Platz aber, auf dem die Gebäude standen, mit einer Exedra und Säulenhallen zu umfassen.

ung 45 **Text 5: Ep. IV 1**

a) |**HS** |**GS 1** |**GS 2** |**GS 3**

|Cupis post longum tempus neptem tuam meque una videre.
|Gratum est utrique nostrum,
    |quod cupis,
|mutuo mehercule.
|Nam invicem nos incredibili quodam desiderio vestri tenemur,
    |quod non ultra differemus.

Erit una, sed brevis mora:
deflectemus in Tuscos,
non ut agros remque familiarem oculis subiciamus
– id enim postponi potest –,
sed ut fungamur necessario officio.
Oppidum est praediis nostris vicinum,
quod me paene adhuc puerum patronum cooptavit.
Adventus meos celebrat,
profectionibus angitur,
honoribus gaudet.
In hoc ego,
ut referrem gratiam,
templum pecunia mea exstruxi,
cuius dedicationem,
cum sit paratum,
differre longius irreligiosum est.
Erimus ergo ibi dedicationis die,
quem epulo celebrare constitui.
Subsistemus fortasse et sequenti,
sed tanto magis viam ipsam corripiemus.
Contingat modo te filiamque tuam fortes invenire!
Nam continget hilares,
si nos incolumes receperitis.
Vale.

b) Es ist tatsächlich keine der genannten Konstruktionen im Text enthalten.

c) Im Zusammenhang mit *iter* muss *corripere* die Bedeutung „beschleunigen" haben. *Fortis* kann nicht die gängige Bedeutung „tapfer" haben, da von keiner Gefahr die Rede wäre, sondern muss offensichtlich „rüstig", „gesund" heißen. Im letzten Satz ist *te filiamque tuam* und *invenire* aus dem Satz zuvor implizit noch einmal zu ergänzen:

d) Du wünschst nach langer Zeit deine Enkelin und mich zusammen zu sehen. Jedem von uns beiden ist es willkommen, was du wünschst, sicherlich (auch) dir. Denn wir werden umgekehrt von (einer Art) unglaublicher Sehnsucht nach euch erfüllt, die wir nicht länger hinausschieben werden. Es wird eine einzige, aber kurze Verzögerung geben: Wir werden einen Abstecher nach Etrurien machen, nicht um nach den Feldern und dem Besitz zu sehen – das kann nämlich hintangestellt werden –, sondern um eine notwendige Pflicht zu erfüllen.

In der Nähe meiner Landgüter liegt eine Stadt, die mich beinahe noch als Jungen als ihren Schutzherrn auserwählte. Sie feiert meine Ankunft, ist betrübt über meine Abreise *(wörtl. Pl.)* und freut sich über meine Ehrungen. In dieser habe ich, um mich dankbar zu erweisen, auf meine Kosten einen Tempel errichten lassen, dessen Weihe, da er (nun) fertiggestellt ist, aufzuschieben, unehrerbietig wäre. Wir werden am Tag der Einweihung also dort sein, den ich mit einem Festessen zu feiern beschlossen habe. Wir werden vielleicht auch am folgenden Tag dort bleiben, aber (dann) umso mehr die Reise selbst beschleunigen. Möge es nur gelingen, dich und deine Tochter rüstig (*freier:* gesund) anzutreffen! Denn vergnügt sicher, wenn ihr uns wohlbehalten empfangen werdet. Lebe wohl!

…bung 46 **Text 6: Ep. I 13**

a) **HS** | **GS 1** | **GS 2** | **GS 3**

Magnum proventum poetarum annus hic attulit:
toto mense Aprili nullus fere dies (*erg.* erat),
    quo non recitaret aliquis.
Iuvat me,
    quod vigent studia, proferunt se ingenia hominum et
    ostentant,
        tametsi ad audiendum pigre coitur.
Plerique in stationibus sedent
tempusque audiendi fabulis conterunt.
Lente cunctanterque veniunt,
nec tamen permanent,
sed ante finem recedunt,
alii dissimulanter et furtim,
alii simpliciter et libere.
At hercule memoria parentum Claudium Caesarem ferunt,
    cum in Palatio spatiaretur audissetque clamorem,
causam requisisse,
    cumque dictum esset recitare Nonianum,
subitum recitanti inopinatumque venisse.

Nunc otiosissimus quisque multo ante rogatus et identidem admonitus
aut non venit aut,
si venit,
queritur se diem
– quia non perdidit –
perdidisse.
Sed tanto magis laudandi probandique sunt,
quos a scribendi recitandique studio haec auditorum vel desidia vel superbia non retardat.
Equidem prope nemini defui.
Vale.

b) **HS** **GS 1** **GS 2** **GS 3**

Magnum proventum poetarum annus hic attulit:
toto mense Aprili nullus fere dies (*erg.* erat),
quo non recitaret aliquis.
Iuvat me,
quod vigent studia, proferunt se ingenia hominum et ostentant,
tametsi ad audiendum pigre coitur. **Gerundium**
Plerique in stationibus sedent
tempusque audiendi fabulis conterunt. **Gerundium**
Lente cunctanterque veniunt,
nec tamen permanent,
sed ante finem recedunt,
alii dissimulanter et furtim,
alii simpliciter et libere.
At hercule memoria parentum Claudium Caesarem ferunt, **AcI**
cum in Palatio spatiaretur audissetque clamorem,
causam requisisse, **AcI**
cumque dictum esset recitare Nonianum, **AcI**
subitum recitanti inopinatumque venisse.
(**AcI / AcI / AcI** } **Oratio obliqua**)

Nunc otiosissimus quisque multo ante rogatus et identidem admonitus **PC**
aut non venit aut,
si venit,
queritur se diem
– quia non perdidit –
perdidisse.

Sed tanto magis laudandi probandique sunt,	**Gerundivum**
quos a scribendi recitandique studio haec auditorum vel desidia vel superbia non retardat.	**Gerundium**
Equidem prope nemini defui.	
Vale.	

c) • *ad audiendum:* Gerundium
• *audiendi:* Gerundium (abhängig von *tempus*)
• *scribendi recitandique:* Gerundium (abhängig von *studio*)
• *laudandi probandique sunt:* prädikatives Gerundivum (mit *esse,* „Gerundivum des Müssens")

d) In *quo non recitaret aliquis* liegt ein konsekutiver Relativsatz vor, daher steht er im Konjunktiv. Dagegen steht der mit *quos* beginnende Relativsatz im Indikativ, d. h., dass in ihm eine Tatsache ausgedrückt wird.

e) Dieses Jahr hat eine reiche Ernte an Dichtern gebracht: Im ganzen Monat April gab es kaum einen Tag, an dem nicht irgendjemand vorgetragen hätte. Es freut mich, dass die Studien in Ansehen stehen, sich Talente von Menschen hervortun und zeigen, obgleich man (nur) verdrossen zusammenkommt, um zuzuhören. Die meisten sitzen auf ihren Posten und vertun die Zeit des Zuhörens (*freier:* die Zeit, in der sie zuhören können) mit Geschwätz. Sie kommen langsam und zögerlich, (und) dennoch bleiben sie nicht, sondern ziehen sich vor dem Ende (wieder) zurück, die einen heimlich und verstohlen, die anderen offen und freimütig. Aber beim Herkules, es heißt, dass zur Zeit der Väter Kaiser Claudius, als er auf dem Palatin spazieren ging und Geschrei gehört hatte, nach dem Grund gefragt habe, und als man sagte (*wörtl.* gesagt hatte), es trage Nonianus vor, plötzlich und unerwartet für den Vortragenden gekommen sei. Jetzt kommen gerade die, die am meisten freie Zeit haben, auch wenn sie viel früher gefragt und immer wieder aufgefordert worden sind, entweder nicht, oder wenn sie kommen, beklagen sie sich, einen Tag verloren zu haben – weil sie ihn nicht verloren haben. Aber umso mehr müssen die gelobt und anerkannt werden, die weder diese Trägheit noch der Hochmut der Zuhörer in ihrem Eifer (etwas) zu schreiben und vorzutragen hemmt (*wörtl.* zurückhält … von). Ich jedenfalls war nahezu bei keinem abwesend.
Lebe wohl.

Übung 47

Text 7: Ep. I 10

a) HS | GS 1 | GS 2 | GS 3

Hunc ego in Syria,
cum adulescentulus militarem,
penitus et domi inspexi,
amarique ab eo laboravi,
etsi non erat laborandum.
Est enim obvius et expositus
plenusque humanitate,
quam praecipit.
Multa in Euphrate sic eminent et elucent,
ut mediocriter quoque doctos advertant et afficiant.
Disputat subtiliter, graviter, ornate.
Sermo est copiosus et varius, dulcis in primis,
et qui repugnantes quoque ducat, impellat.
Vitae sanctitas summa, comitas par:
insectatur vitia, non homines,
nec castigat errantes, sed emendat.
Sequaris monentem attentus et pendens
et persuaderi tibi,
etiam cum persuaserit,
cupias.
Quamquam quid ego plura de viro (*erg.* dicam),
quo mihi frui non licet?
Nam distringor officio,
ut maximo sic molestissimo:
sedeo pro tribunali,
subnoto libellos,
conficio tabulas,
scribo plurimas, sed illitteratissimas litteras.
Soleo nonnumquam de his occupationibus apud Euphraten queri.
Ille me consolatur,
affirmat etiam esse hanc philosophiae et quidem pulcherrimam partem
agere negotium publicum, cognoscere, iudicare
promere et exercere iustitiam,
quaeque ipsi doceant,
in usu habere.
Mihi tamen hoc unum non persuadet satius esse ista facere,
quam cum illo dies totos audiendo discendoque consumere.

Quo magis te,
cui vacat,
hortor,
cum in urbem proxime veneris,
(*erg.* ut) illi te expoliendum limandumque permittas.
Vale.

b) **HS** **GS 1** **GS 2** **GS 3**

Hunc ego in Syria,
cum adulescentulus militarem,
penitus et domi inspexi,
amarique ab eo laboravi,
etsi non erat laborandum. **Gerundivum**
Est enim obvius et expositus, **PC, gebraucht wie ein Adjektiv**
plenusque humanitate,
quam praecipit.
(…)
Vitae sanctitas summa, comitas par:
insectatur vitia, non homines,
nec castigat errantes, sed emendat. **PC, gebraucht wie ein Substantiv**
Sequaris monentem attentus et pendens **PC, wie Adjektive gebrauchte Partizipien**
et persuaderi tibi,
etiam cum persuaserit,
cupias.
(…)
Soleo nonnumquam de his occupationibus apud Euphraten queri.
Ille me consolatur,
affirmat etiam esse hanc philosophiae et quidem pulcherrimam partem **AcI**
agere negotium publicum, cognoscere, iudicare
promere et exercere iustitiam,
quaeque ipsi doceant,
in usu habere.
Mihi tamen hoc unum non persuadet satius esse ista facere, **AcI**
quam cum illo dies totos audiendo discendoque **Gerundium**
consumere.

Quo magis te,
    cui vacat,
hortor,
    cum in urbem proxime veneris,
    (*erg.* ut) illi te expoliendum limandumque permittas. **Gerundivum**
Vale.

c) Bei *audiendo discendo(que)* liegt ein Gerundium vor, bei *erat laborandum* ein prädikatives Gerundivum mit *esse* vor („Gerundiv des Müssens“), bei *expoliendum limandumque permittas* ein Gerundivum des Zwecks.

d) In *qui repugnantes quoque ducat, impellat* liegt ein konsekutiver Relativsatz vor („von der Art, dass …“). Im Teilsatz *quaeque ipsi doceant, in usu habere* steht das Prädikat wegen der Abhängigkeit von einer Infinitivkonstruktion im Konjunktiv, in *sequaris* liegt ein Potentialis der Gegenwart vor.

e) Diesen habe ich in Syrien, als ich (dort) als ganz junger Mann Kriegsdienst leistete, in seinem Haus genau kennengelernt und bemühte mich, seine Zuneigung zu erhalten, auch wenn ich mich (*wörtl.* man sich) (eigentlich gar) nicht bemühen musste. Denn er ist entgegenkommend, zugänglich und erfüllt von der Menschenfreundlichkeit, die er (selbst) lehrt. Viele Eigenschaften an Euphrates ragen so heraus und leuchten so hervor, dass sie auch mäßig Gebildete anziehen und beeindrucken. Er spricht geistreich, nachdrücklich und geschmackvoll. Sein Vortrag ist gedanken- und abwechslungsreich, vor allem angenehm und so, dass er auch Widerstrebende fesselt und mitreißt.
Die Reinheit seiner Lebensführung ist überragend, seine Freundlichkeit desgleichen (*wörtl.* ist ihr gleich); er verfolgt die Laster, nicht die Menschen, und er tadelt die Irrenden nicht, sondern bessert sie. Wenn er Ermahnungen ausspricht, folgt man ihm wohl gespannt sowie aufmerksam und wünscht, überzeugt zu werden, auch wenn man bereits überzeugt ist (*wörtl.* er <einen schon> überzeugt hat). Doch was soll ich mehr von einem Mann reden, dessen Gegenwart (*wörtl.* den) zu genießen mir (doch) nicht möglich ist? Denn ich werde von einem zwar sehr bedeutenden, aber auch sehr beschwerlichen Amt in Anspruch genommen: Ich sitze zu Gericht, unterzeichne Bittschriften, ich führe die Rechnungsbücher und ich schreibe sehr viele, jedoch höchst unliterarische Briefe. Bisweilen pflege ich mich bei Euphrates über diese Beschäftigungen zu beklagen. Jener tröstet mich und er behauptet, auch das sei ein Teil der Philosophie und war ein sehr schöner, ein öffentliches Amt zu bekleiden, eine gerichtliche Untersuchung

zu führen, Urteile zu fällen, die Gerechtigkeit ans Licht zu bringen und auszuüben, und das, was sie selbst lehren, in die Praxis umzusetzen. Mich überzeugt dennoch dieses eine nicht, dass es besser sei, dies zu tun, als mit jenem ganze Tage mit Zuhören und Lernen zu verbringen. Umso mehr ermuntere ich dich, der du die freie Zeit dazu hast, dich jenem zur Verfeinerung und zur Glättung anzuvertrauen, wenn du demnächst in die Stadt kommst. Lebe wohl!

bung 48

a) numen memorabile
b) ad sedes inferas
c) vires magnas
d) pars ulla
e) aetas mea
f) imagine posita
g) montes ignotos
h) matris opacae
i) vestes cinctae
j) populi memoris
k) vulnus grave
l) aeris acuti

bung 49

A 5, B 1, C 6, D 2, E 3, F 4
G 12, H 7, I 14, J 8, K 13, L 9, M 10, N 11
O 19, P 15, Q 24, R 22, S 17, T 18, U 23, V 16, W 20, X 21

bung 50

Teil A

Haud procul Hennaeis lacus est a moenibus altae
nomine Pergus, aquae: Non illo plura Caystros
carmina cycnorum labentibus audit in undis.
Silva coronat aquas cingens latus omne suisque
frondibus ut velo Phoebeos submovet ictus;
frigora dant rami, Tyrios humus umida flores:
perpetuum ver est. Quo dum Proserpina luco
ludit et aut violas aut candida lilia carpit,
dumque puellari studio calathosque sinumque
inplet et aequales certat superare legendo,
paene simul visa est dilectaque raptaque Diti:

Teil B

Usque adeo est properatus amor. Dea territa maesto
et matrem et comites, sed matrem saepius, ore
clamat, et ut summa vestem laniarat ab ora,
collecti flores tunicis cecidere remissis,
tantaque simplicitas puerilibus adfuit annis,
haec quoque virgineum movit iactura dolorem.
Raptor agit currus et nomine quemque vocando
exhortatur equos, quorum per colla iubasque
excutit obscura tinctas ferrugine habenas,
perque lacus altos et olentia sulphure fertur.

Übung 51

Teil A

O, nisi te virtus opera ad maiora tulisset,
in partem ventura chori Tritonia nostri,
vera refers meritoque probas artesque locumque,
et gratam sortem, tutae modo simus, habemus.
Sed (vetitum est adeo sceleri nihil) omnia terrent
virgineas mentes, dirusque ante ora Pyreneus
vertitur, et nondum tota me mente recepi.
Daulida Threicio Phoceaque milite rura
ceperat ille ferox iniustaque regna tenebat;
templa petebamus Parnasia: vidit euntes
nostraque fallaci veneratus numina vultu
„Mnemonides“ (cognorat enim), „consistite“ dixit
„nec dubitate, precor, tecto grave sidus et imbrem“
(imber erat) „vitare meo; subiere minores
saepe casas superi.“

Teil B

... Dictis et tempore motae
adnuimusque viro primasque intravimus aedes.
Desierant imbres, victoque aquilonibus austro
fusca repurgato fugiebant nubila caelo:
Inpetus ire fuit; claudit sua tecta Pyreneus
vimque parat, quam nos sumptis effugimus alis.
Ipse secuturo similis stetit arduus arce
„Qua“que „via est vobis, erit et mihi“ dixit „eadem“
seque iacit vecors e summae culmine turris
et cadit in vultus discussisque ossibus oris
tundit humum moriens scelerato sanguine tinctam.

bung 52

Der Raub der Europa (Met. II 868–873)

Ausa est quoque regia virgo
nescia, quem premeret, tergo considere tauri,
cum deus a terra siccoque a litore sensim
falsa pedum primis vestigia ponit in undis;
inde abit ulterius mediique per aequora ponti
fert praedam.

Die Verwandlung der Syrinx (Met. I 699–712)

Pan videt hanc pinuque caput praecinctus acuta
talia verba refert – restabat verba referre
et precibus spretis fugisse per avia nympham,
donec harenosi placidum Ladonis ad amnem
venerit; hic illam cursum inpedientibus undis
ut se mutarent liquidas orasse sorores,
Panaque cum prensam sibi iam Syringa putaret,
corpore pro nymphae calamos tenuisse palustres,
dumque ibi suspirat, motos in harundine ventos
effecisse sonum tenuem similemque querenti.

Arte nova vocisque deum dulcedine captum
„hoc mihi colloquium tecum" dixisse „manebit",
atque ita disparibus calamis conpagine cerae
inter se iunctis nomen tenuisse puellae.

Übung 53 **Iuppiter begegnet Callisto (Met. II 401–431)**

At pater omnipotens ingentia moenia caeli
circuit et, ne quid labefactum viribus ignis
corruat, explorat. Quae postquam firma suique
roboris esse videt, terras hominumque labores
perspicit. Arcadiae tamen est inpensior illi
cura suae: fontesque et nondum audentia labi
flumina restituit, dat terrae gramina, frondes
arboribus, laesasque iubet revirescere silvas.
Dum redit itque frequens, in virgine Nonacrina
haesit, et accepti caluere sub ossibus ignes.
Non erat huius opus lanam mollire trahendo
nec positu variare comas …
Protinus induitur faciem cultumque Dianae
atque ait: „O comitum, virgo, pars una mearum,
in quibus es venata iugis?" De caespite virgo
se levat et „salve numen, me iudice" dixit,
„audiat ipse licet, maius Iove." Ridet et audit
et sibi praeferri se gaudet et oscula iungit,
nec moderata satis nec sic a virgine danda.

Übung 54

- *confremo (-fremui, –):* murren (Ovid)
- *deposco (-poposci, –):* verlangen, fordern; die Auslieferung (Strafe) von jd. verlangen (Ovid)
- *attonitus* (PPP von *attono*): (vom Donner) betäubt, bestürzt
- *murmur (-uris, n.):* Murmeln, Getöse, Geräusch
- *com(!)primo (-pressi, -pressum):* zusammendrücken, -pressen, unterdrücken, hemmen

- *silentium (-i, n.):* (Still-)Schweigen
- *subsisto (-stiti, –):* stillstehen, stehen bleiben; (in Verbindung mit *clamor*) aufhören (Ovid)

Übung 55

- *admitto (-misi, -missum):* grundsätzliche Bedeutungen: in Bewegung setzen, loslassen, zulassen, gestatten; *hier wohl:* verschulden, begehen (im Kontext ist von Strafen – *poenas* – und *vindicta* die Rede).
- *vindicta (-ae, f.):* Befreiung, Rettung; Strafe, Rache (Ovid)
- *infamia (-ae, f.):* übler Ruf, Schmach, Schande
- *delabor (delapsus sum):* herabgleiten, -fallen (u. Ä.); „in etw. geraten" scheidet als Übersetzung wohl aus, da sich keine Zielangabe findet, wohl aber ein Ablativ (Olympo), der den Ausgangspunkt angeben kann.
- *lustro:* reinigen, (ent)sühnen; mustern; bereisen, durchwandern; erwägen. Da im Wörterbuch die Wortverbindung *l. terras* unmittelbar angegeben ist, ist die Bedeutung „durchwandern, bereisen" vermutlich zu bevorzugen, wobei dies natürlich durch Übersetzung zu verifizieren ist.
- *noxa (-ae, f.):* Vergehen, Schuld

Übung 56

- *latebra (-ae, f.):* Versteck, Schlupfwinkel
  Die in der Aufgabenstellung genannte Bedeutung scheidet aus, da von *latebra* der Genitiv *ferarum* abhängt, sodass sich die Übersetzung mit „Versteck, Schlupfwinkel" anbietet.
- *gelidus (-a, -um):* kalt, kühl, frisch
- *pinetum (-i, n.):* Fichtenwald (Ovid)
- *inhospitus (-a, -um):* unwirtlich, ungastlich (Ovid, Vergil)
- *crepusculum (-i, n.):* Abenddämmerung; Dunkel, Dämmerung (Ovid)
- *dubitabilis (-e):* zweifelhaft
- *necopinus (-a, -um):* unvermutet, ahnungslos
- *experientia (-ae, f.):* Versuch, Probe (Ovid)
- *mucro (-onis, m.):* Spitze, Schneide (Ovid); Schwert, Dolch
- *seminex (-necis):* halbtot
- *torreo (torrui, tostum):* trocknen (Ovid); braten, rösten; verbrennen, entflammen
- Im Kontext des Textes *iugulum mucrone resolvere* muss *iugulum, (-i, n.)* die Bedeutung Kehle (sonst auch „Schlüsselbein") tragen, *resolvere* die Bedeutung „durchbohren".

Übung 57

- *vindex (-icis, m.):* Retter, Befreier, (Be)schützer; Bestrafer, Rächer. Die beiden letztgenannten Bedeutungen sind wahrscheinlicher, da von *everti* und *flamma* die Rede ist.
- *exululo:* aufheulen
- *rabies (rabiem, rabie, f.):* Wut, Wahnsinn, Heftigkeit
- *villus (-i, m.):* Zotte, zottiges Haar
- *lacertus (-i, m.):* (Ober-)Arm
- *canities (-ei, f.):* graue Farbe; graues Haar; Alter
- *feritas (-atis, f.):* Wildheit, Roheit
- *colligere* hat an der Stelle die wörtliche Bedeutung „erwerben", „sich zuziehen", freier zu übersetzen ist *colligere ... rabiem* mit „sehr wütend werden".
- *abire* ist hier mit *in* verbunden, d. h. es bedeutet: „sich verwandeln in".

Übung 58 **Text 1: Achaemenides und Polyphem (Met. XIV 198–222 m. Auslass.)**

a) ... „Me luridus occupat horror
spectantem vultus ...,
crudelesque manus et inanem luminis orbem
membraque et humano concretam sanguine barbam.
Mors erat ante oculos, minimum tamen illa malorum.
...
Me tremor invasit: stabam sine sanguine maestus,
perque dies multos latitans omnemque tremiscens
ad strepitum mortemque timens cupidusque moriri,
...
solus, inops, exspes leto poenaeque relictus
hanc procul adspexi longo post tempore navem
oravique fugam gestu ad litusque cucurri
et movi: Graiumque ratis Troiana recepit!"

b) „Mich ergreift bleicher Schrecken, als ich sein Gesicht sehe, die grausamen Hände und die leere Augenhöhle, seine Glieder und den von Menschenblut verklebten Bart. Der Tod war mir vor Augen, dennoch (war) jener das kleinste (der) Übel. (...)
Zittern befiel mich: Ich stand blutleer (*freier:* bleich) und traurig da, viele Tage versteckte ich mich, zitterte bei jedem Geräusch, fürchtete mich vor

dem Tod *(wörtl. Partizipien)* und wünschte (doch) zu sterben, allein, hilflos, ohne Hoffnung, dem Tod und der Pein überlassen, erblickte ich lange Zeit später in der Ferne dieses Schiff, bat durch ein Zeichen um Rettung (*wörtl.* Flucht), lief zum Strand und konnte es bewegen: Den Griechen nahm ein trojanisches Schiff auf!“

Übung 59 **Text 2: Die Rückverwandlung der Io (Met. I 736–746 m. Auslass.)**

a) „Pone metus“, inquit; „numquam tibi causa doloris
haec erit.“ ...
Ut lenita dea est, vultus capit illa priores
fitque, quod ante fuit: fugiunt e corpore saetae,
cornua decrescunt, fit luminis artior orbis,
contrahitur rictus, redeunt umerique manusque,
ungulaque ... absumitur:
De bove nil superest formae nisi candor in illa.
Officioque pedum nymphe contenta duorum
erigitur metuitque loqui, ne more iuvencae
mugiat, et timide verba intermissa retemptat.

b) „Pone metus“, inquit; „numquam tibi causa doloris
haec erit.“ ...
Ut lenita dea est, vultus capit illa priores
fitque, quod ante fuit: fugiunt e corpore saetae,
cornua decrescunt, fit luminis artior orbis,
contrahitur rictus, redeunt umerique manusque,
ungulaque ... absumitur:
De bove nil superest formae nisi candor in illa.
Officioque pedum nymphe contenta duorum
erigitur metuitque loqui, ne more iuvencae
mugiat, et timide verba intermissa retemptat.

c) „Lege deine Befürchtungen (Furcht) ab“, sagte Jupiter; „diese wird für dich niemals (mehr) Anlass zu Schmerz sein.“ (...) Sobald die Göttin besänftigt ist, nimmt jene ihre frühere Gestalt an und wird, was sie vorher war: Es verschwinden die Borsten vom Körper, die Hörner schrumpfen, das Rund

des Auges wird enger, das (weit geöffnete) Maul zieht sich zusammen, die Schultern und die Hände kehren zurück und es vergeht der Huf. Von dem Rind ist nichts mehr an ihr außer dem Glanz der Schönheit.
Zufrieden über den Dienst zweier Füße richtet sich die Nymphe auf und fürchtet sich zu sprechen, um nicht nach Art einer Kuh zu muhen, und ängstlich versucht sie wieder Worte, wie sie sie lange nicht mehr gesprochen hat (*wörtl.* die unterbrochenen Worte).

Übung 60 Text 3: Ceres sucht nach ihrer Tochter (Met. V 462–477)

a) Quas dea per terras et quas erraverit undas,
dicere longa mora est;
Sicaniam repetit, dumque omnia lustrat eundo,
venit et ad Cyanen. Ea ni mutata fuisset,
omnia narrasset; sed et os et lingua volenti
dicere non aderant, nec, qua loqueretur, habebat;
signa tamen manifesta dedit notamque parenti,
illo forte loco delapsam in gurgite sacro
Persephones zonam summis ostendit in undis.
Quam simul agnovit, tamquam tum denique raptam
scisset, inornatos laniavit diva capillos
et ... suis percussit pectora palmis.
Nescit adhuc, ubi sit; terras tamen increpat omnes
ingratasque vocat nec frugum munere dignas,
Trinacriam ante alias, in qua vestigia damni
repperit.

b)
- Bei *erraverit* handelt es sich um Konj. Perf., bei *sit* um Konj. Präsens; beide Male liegt nämlich ein indirekter Fragesatz vor.
- *volenti* bezieht sich (sinngemäß) auf *Cyane(n)*, ein direkter Bezug auf eine Form ist nicht gegeben.
- *quam* bezieht sich auf *zonam, raptam* aber sinngemäß auf Proserpina (es kann kein Bezug auf *zonam* vorliegen, was auch ohne Übersetzung erschließbar ist, da zu diesem Substantiv „rauben“ sinngemäß nicht passt).

c) Zu erzählen, welche Länder und welche Gewässer (*wörtl.* Wogen) die Göttin durchirrt hat, würde zu weit führen. Sie sucht wieder Sizilien auf, und während sie alles auf ihrem Weg (*wörtl.* beim Gehen) durchwandert, kommt sie auch zu Cyane. Wenn diese nicht verwandelt gewesen wäre, hätte sie alles erzählt. Aber obwohl (als) sie sprechen wollte, fehlten ihr Mund und Zunge und sie hatte auch nichts, womit sie sprechen konnte. Dennoch gab sie der Mutter deutliche Zeichen und ein Pfand: Sie zeigte ihr den Gürtel Persephones, der zufällig an jener Stelle in den heiligen Strudel geglitten war, oben auf den Wellen. Sobald sie diesen erkannt hatte, raufte sich die Göttin, so als ob sie da erst erfahren hätte, dass sie (*freier:* die Tochter) geraubt worden war, die ungeordneten Haare und schlug sich mit den Händen auf die Brust. Sie weiß noch nicht, wo sie ist; dennoch schilt sie alle Länder und nennt sie undankbar und nicht des Geschenkes der Feldfrüchte würdig, Sizilien vor allen anderen, wo sie die Spuren des Verlustes entdeckt hat.

Übung 61 **Text 4: Caesars Tod und Apotheose (Met. XV 807–846 m. Auslass.)**

a) … „Sola insuperabile fatum,
nata, movere paras? …
816 Hic sua conplevit, pro quo, Cytherea, laboras,
tempora, perfectis, quos terrae debuit, annis.
820 Ut deus accedat caelo templisque colatur,
tu facies natusque suus, qui nominis heres
inpositum feret unus onus caesique parentis
nos in bella suos fortissimus ultor habebit.
…
830 Quodcunque habitabile tellus
sustinet, huius erit: pontus quoque serviet illi!
Pace data terris animum ad civilia vertet
iura suum legesque feret iustissimus auctor
exemploque suo mores reget …

Hanc animam interea caeso de corpore raptam
fac iubar, ut semper Capitolia nostra forumque
divus ab excelsa prospectet Iulius aede!“
Vix ea fatus erat, media cum sede senatus
constitit alma Venus nulli cernenda suique
Caesaris eripuit membris nec in aera solvi
passa recentem animam caelestibus intulit astris.

b)
- Ein Ablativus absolutus liegt jeweils vor in *perfectis … annis* (V. 817) und *pace data* (V. 834).
- *senatus* muss Genitiv sein; Pluralformen scheiden wegen der Bedeutung des Wortes aus und *Venus* ist eindeutig Nominativ, sodass *senatus* dies nicht mehr sein kann. *Nulli* ist eine – beim Gerundiv gängige – Form des Dativus auctoris.
- *cernenda* ist eine Gerundivform, zu übersetzen mit einem Adjektiv auf -bar („sichtbar"), wobei Letzteres bei einer ersten Betrachtung des Textes nicht unbedingt sofort ersichtlich ist.
  passa ist die weibliche Form des PPP zu *pati,* die, da das Verbum ein Deponens ist, aktivisch übersetzt wird. Oft wird das PPP eines Deponens gleichzeitig aufgefasst, was sich auch hier anbietet.

c) „Hast du im Sinn, Tochter, allein das unüberwindliche Schicksal zu ändern? Dieser, für den du dich bemühst, Cytherea, hat seine Zeit erfüllt, nachdem (da) er die Jahre vollendet hat, die er der Erde schuldete. Dass er sich als Gott in den Himmel erhebt und in Tempeln verehrt wird, wirst du bewirken und sein Sohn, der als Erbe seines Namens die ihm auferlegte Last als Einziger tragen wird und als überaus tapferer Rächer seines ermordeten Vaters uns für seine Kriege als die Seinen haben wird. (…) Was immer die Erde Bewohnbares trägt, wird ihm gehören (*freier:* untertan sein), auch das Meer wird ihm (*wörtl.* jenem) dienen. Wenn er Frieden hergestellt hat, wird er sein Augenmerk auf die Rechte der Bürger richten und als äußerst gerechter Stifter Gesetze einbringen und durch sein Beispiel die Sitten lenken. (…) Diese Seele (*gemeint:* Caesars), die inzwischen aus dem ermordeten Körper gerissen ist, mache zum Stern, damit der göttliche Julius immer von seinem hohen Haus auf unser Kapitol und unser Forum schaue!"

Kaum hatte er dies gesprochen, als die erhabene Venus, für keinen sichtbar, sich mitten im Tagungsort des Senates niederließ und die Seele ihres Caesar den Gliedern entriss. Sie ließ nicht zu, dass die eben vom Körper getrennte Seele sich in die Luft hinein auflöste, sondern trug sie zu den himmlischen Sternen.

bung 62 **Text 5: Cyllarus und Hylonome (Met. XII 393–428 m. Auslass.)**

a) Nec te pugnantem tua, Cyllare, forma redemit,
si modo naturae formam concedimus illi.
Barba erat incipiens, barbae color aureus, aurea
ex umeris medios coma dependebat in armos.
Gratus in ore vigor; cervix umerique manusque
pectoraque artificum laudatis proxima signis.
...
Multae illum petiere sua de gente, sed una
abstulit Hylonome, qua nulla decentior inter
semiferos altis habitavit femina silvis;
haec et blanditiis et amando et amare fatendo
Cyllaron una tenet,
...
par amor est illis: errant in montibus una,
antra simul subeunt; et tum Lapitheia tecta
intrarant pariter, pariter fera bella gerebant:
auctor in incerto est : iaculum de parte sinistra
venit et
...
Cyllare, te fixit; parvo cor vulnere laesum
corpore cum toto post tela reducta refrixit.
Protinus Hylonome morientes excipit artus
inpositaque manu vulnus fovet oraque ad ora
admovet atque animae fugienti obsistere temptat;
ut videt exstinctum, ...
... telo, quod inhaeserat illi,
incubuit moriensque suum conplexa maritum est.

b) • Beide Male liegt Partizip Präsens Aktiv vor. Bei *pugnantem* handelt es sich um ein Participium coniunctum in der klassischen Verwendungsweise (Übersetzung mit Gliedsatz, eingeleitet mit einer Subjunktion), bei *incipiens* liegt eine (prädikative) Verwendung ähnlich der eines Adjektives vor. Weitere PPA-Formen finden sich in *morientes* (V. 423), *fugienti* (V. 425) und *moriens* (V. 428).

- Beide Male fehlt das Prädikat. Eine solche Ellipse ist häufig bei Formen von *esse* zu finden. Zu ergänzen ist im ersten Teilsatz *erat*, im zweiten *erant*. Bei *laudatis signis* handelt es sich um einen Dativ, nicht, wie man rein äußerlich betrachtet annehmen könnte, um einen Ablativus absolutus.
- Verkürzte Verbformen sind *petiere* (V. 404) und *intrarant* (V. 418). Die regulären Formen hierzu sind *peti(v)erunt* und *intraverant.*
- In *qua decentior* (V. 405) liegt ein mit Ablativus comparationis verschränkter Relativsatz vor.
- In V. 407 findet sich zweimal ein Gerundium *(amando, fatendo).* In V. 424 findet sich ein Ablativus absolutus *(inposita ... manu).*

c) Dich hat, Cyllarus, im Kampf deine Schönheit nicht gerettet, wenn wir nur (*freier:* denn, etwa) jener Gattung Schönheit zugestehen.
Sein Bart begann (ihm) zu sprießen (*wörtl.:* war beginnend), die Farbe des Bartes war golden, golden hing ihm das Haar von den Schultern bis zur Mitte des Buges. Gefällige Frische war in seinem Gesicht (*freier:* fand man in ...); Nacken, Schultern, Hände und Brust kamen den gerühmten Werken der Künstler ganz nahe. Viele (Frauen) aus seinem Volk begehrten ihn, aber allein Hylonome gewann ihn, die schönste Frau, die unter den Halbtierwesen in den hohen Wäldern wohnte. Diese hielt Cyllarus durch Schmeicheleien, Liebe und Liebesgeständnisse (*wörtl. Sg.*) (gefesselt).
Gleich ist die Liebe beider (*wörtl.* jenen). Zusammen streifen sie in den Bergen umher, zusammen gehen sie in die Höhlen; (und) zusammen hatten sie damals das Lapithenhaus betreten, zusammen führten sie wilde Kriege: Ungewiss ist der Schütze (*wörtl.* der Urheber): Es kam ein Wurfgeschoss von links und traf dich, Cyllarus; das Herz erkaltete, von einer kleinen Wunde verletzt, zusammen mit dem ganzen Leib, nachdem man das Geschoss herausgezogen hatte. Sofort fängt Hylonome die sterbenden Glieder auf, legt ihre Hand auf die Wunde und wärmt sie (*wörtl.* wärmt die

Wunde, indem sie ihre Hand darauf gelegt hat), drückt den Mund auf seinen Mund (*wörtl.* nähert …) und versucht, die fliehende Seele aufzuhalten. Als sie sieht, dass er tot ist, stürzte sie sich in das Geschoss, das in ihm gesteckt hatte, und umarmte sterbend ihren Gemahl.

bung 63

Text 6: Hyacinthus (Met. X 185–216 m. Auslass.)

a) … Expalluit aeque
quam puer ipse deus conlapsosque excipit artus
et modo te refovet, modo tristia vulnera siccat,
nunc animam admotis fugientem sustinet herbis.
Nil prosunt artes: erat inmedicabile vulnus.
…
„Laberis, Oebalide, prima fraudate iuventa,“
Phoebus ait „videoque tuum, mea crimina, vulnus.
Tu dolor es facinusque meum: mea dextera leto
inscribenda tuo est. Ego sum tibi funeris auctor.
Quae mea culpa tamen, nisi si lusisse vocari
culpa potest, nisi culpa potest et amasse vocari?
… Utinam tecumque mori vitamque liceret
reddere! …
Semper eris mecum memorique haerebis in ore.
Te lyra pulsa manu, te carmina nostra sonabunt,
flosque novus … gemitus imitabere nostros.“
…
Ecce cruor, qui fusus humo signaverat herbas,
desinit esse cruor, Tyrioque nitentior ostro
flos oritur formamque capit quam lilia.
…
Non satis hoc Phoebo est … :
ipse suos gemitus foliis inscribit, et AI AI
flos habet inscriptum.

b) • *laberis:* 2. Pers. Sg. Präsens Indikativ (die entsprechende Form im Futur I würde genauso geschrieben, sie kann aber hier nicht vorliegen, da „e" hier kurz gelesen wird),
fraudate: die maskuline PPP-Form zu *fraudare* = betrügen, sie steht hier (in einer seltenen Verwendungsweise!) im Vokativ Singular (bezogen auf *Oebalide*).
• Hier findet sich ein prädikatives Gerundivum *(inscribenda est).*
• Im ersten mit *nisi* beginnenden Satz ist *lusisse* Subjekt, im zweiten *amasse.* (Beide Male liegt also ein Subjektsinfinitiv vor.)
• *lyra:* Nominativ Sg. *pulsa:* Nominativ Sg. *manu:* Ablativ Sg.
Bei *lyra pulsa* handelt es sich also nicht, wie auf den ersten Blick zu vermuten, um einen Ablativus absolutus.

c) Der Gott selbst erbleichte ebenso wie der Knabe, (und) er fängt die zusammengesunkenen Glieder auf, und bald wärmt er dich, bald trocknet er die unheilvolle Wunde (poet. Pl.), jetzt hält er die entfliehende Seele (auf), indem er Kräuter anwendet (durch die Anwendung von Kräutern). Nichts (jedoch) nützen seine Künste: Die Wunde war unheilbar. (...)
„Oebalusspross, du sinkst dahin, um deine frühe Jugend betrogen", sagte Phoebus, „und ich sehe deine Wunde, mein Verbrechen. Du bist mein Schmerz und meine Untat: Meine rechte Hand ist als Ursache deines Todes zu bezeichnen (*wörtl.* muss diesem Tod als Ursache zugeschrieben werden). Ich bin der Urheber deines Todes (*wörtl.* ... für dich Urheber des Todes). Doch was ist meine Schuld, außer dass man es Schuld nennen kann, gespielt zu haben, und außer dass man es Schuld nennen kann, geliebt zu haben? (...)
Wenn es mir doch möglich wäre, mit dir zu sterben und das Leben hinzugeben! (...) Immer wirst du bei mir sein und ich werde dich immer im Munde führen, im Gedenken an dich (*wörtl.* wirst du immer in meinem sich erinnernden Mund sein). Von dir wird die Lyra klingen, von meiner Hand geschlagen, von dir werden meine Lieder singen und als neue Blume wirst du meine Seufzer nachahmen." (...)
Siehe, das Blut, das am Boden versprengt die Kräuter gezeichnet hatte, hört auf, Blut zu sein. Es entsteht eine Blüte, leuchtender als tyrischer Purpur und nimmt eine Gestalt an wie eine Lilie. (...)
Dies ist dem Apoll nicht genug: Er selbst schreibt seine Seufzer auf die Blätter und die Blüte trägt die (Auf-)Schrift „AI", „AI" (= „Wehe, wehe!").

bung 64

Text 7: Hecuba (Met. XIII 489–511 m. Auslass.)

a) Quas totiens patriae dederat natisque viroque,
huic quoque dat lacrimas; lacrimas in vulnera fundit
osculaque ore tegit
...
et haec laniato pectore dixit:
„Nata, tuae – quid enim superest? – dolor ultime matris,
nata, iaces, videoque tuum, mea vulnera, vulnus:
En, ne perdiderim quemquam sine caede meorum,
tu quoque vulnus habes; at te, quia femina, rebar
a ferro tutam: cecidisti et femina ferro,
totque tuos idem fratres, te perdidit idem,
exitium Troiae nostrique orbator, Achilles;
at postquam cecidit Paridis Phoebique sagittis,
nunc certe, dixi, non est metuendus Achilles:
Nunc quoque mi metuendus erat; cinis ipse sepulti
in genus hoc saevit, tumulo quoque sensimus hostem:
... iacet Ilion ingens,
eventuque gravi finita est publica clades,
sed finita tamen; soli mihi Pergama restant.
In cursuque meus dolor est: Modo maxima rerum,
tot generis natisque potens nuribusque viroque
nunc trahor exul, inops, tumulis avulsa meorum,
Penelopae munus."

b)
- Beide Male liegt ein prädikatives Gerundiv (mit *esse*, d. h. zu übersetzen mit „müssen") vor.
- Hier ist *et* mit „auch" zu übersetzen, da es keine gleichartigen Satzglieder gibt, für die *et* die Verbindung darstellen könnte.

c) Sie vergoss *(hist. Präsens, wie auch bei den folgenden Prädikaten)* auch wegen dieser (*wörtl.* gab auch dieser) die Tränen, die sie sooft um die Heimat, die Kinder und den Gatten geweint (*wörtl.* gegeben) hatte; sie ließ Tränen in die Wunden fließen, bedeckte den Mund mit Küssen und sprach, nachdem sie (sich) die Brust geschlagen hatte, Folgendes (diese Worte):

„Tochter, du letzter Schmerz deiner Mutter – was bleibt denn noch übrig? – Tochter, du liegst (da) und ich sehe deine Wunde, Verwundung (auch) für mich (*wörtl.* meine Wunde; *gemeint:* die auch mich verwundet). Seht her, damit ich nicht irgendjemanden der Meinen ohne Blut(vergießen) verloren habe (*freier:* verliere), hast auch du eine Wunde. Aber ich glaubte, dass du, weil du eine Frau bist, vor dem Schwert sicher seiest: (Aber) auch du als Frau bist durch das Schwert gefallen; es hat derselbe so viele deiner Brüder, es hat derselbe dich vernichtet, Trojas Untergang und der Räuber meiner Kinder – Achill!

Aber nachdem er durch die Pfeile des Paris und des Phoebus gefallen war, sagte ich: ‚Nun ist Achill sicher nicht (mehr) zu fürchten!' (Doch) auch jetzt musste ich ihn fürchten: Selbst die Asche des Bestatteten wütet gegen dieses Geschlecht; wir spürten den Feind auch aus dem Grab: Das gewaltige Ilion liegt darnieder; (und) das Leiden aller (*wörtl.* öffentliche L.) hat in einem schlimmen Ausgang sein Ende gefunden, aber beendet ist es doch: Für mich allein bleibt Pergamon. Mein Schmerz dauert an: Eben noch die Höchste von allem (*wörtl.* der Dinge), reich (*wörtl.* mächtig) an so vielen Schwiegersöhnen, Kindern und Schwiegertöchtern und am Gatten, werde ich jetzt – verbannt und mittellos –, nachdem ich von den Grabhügeln der Meinen losgerissen worden bin, als Geschenk für Penelope weggeschleppt."

Übung 65 **Text 8: Picus (Met. XIV 372–396 m. Auslass.)**

a) … „Per tua lumina", dixit
„quae mea ceperunt, perque hanc, pulcherrime, formam,
quae facit, ut supplex tibi sim dea, consule nostris
ignibus …
nec durus … despice Circen."
Dixerat; ille ferox ipsamque precesque repellit
et „quaecumque es", ait „non sum tuus; altera captum
me tenet et teneat per longum, conprecor, aevum,
nec Venere externa socialia foedera laedam,
dum mihi Ianigenam servabunt fata Canentem."

Saepe retemptatis precibus Titania frustra
„non inpune feres neque“ ait „reddere Canenti,
laesaque quid faciat, quid amans, quid femina, disces
rebus“, ait „sed amans et laesa et femina Circe!“
...
Ter iuvenem baculo tetigit, tria carmina dixit.
Ille fugit, sed se solito velocius ipse
currere miratur: pennas in corpore vidit,
seque novam subito Latiis accedere silvis
indignatus avem duro fera robora rostro
figit et iratus longis dat vulnera ramis;
purpureum chlamydis pennae traxere colorem;
fibula quod fuerat ... aurum,
pluma fit, et fulvo cervix praecingitur auro,
nec quicquam antiquum Pico nisi nomina restat.

b) • *dixerat:* Plusquamperfekt Indikativ
repellit: Präsens Indikativ
ait: Präsens oder Perfekt Indikativ (dem Kontext nach Präsens)
tenet: Präsens Indikativ
teneat: Präsens Konjunktiv
conprecor: Präsens Indikativ (Deponens)
laedam: Futur I Indikativ oder Präsens Konjunktiv (dem Kontext nach ersteres)
servabunt: Futur I Indikativ
• Bei *retemptatis precibus* liegt ein Ablativus absolutus vor.
• Der AcI *se(que) novam subito Latiis accedere silvis ... avem* ist abhängig von *indignatus* (PPP des Deponens *indignari*, daher aktivisch zu übersetzen)

c) „Bei deinen Augen“, sagte sie, „die die meinen gefangen genommen (*freier:* gebannt) haben, und bei dieser Gestalt, du Schönster, die bewirkt, dass ich, eine Göttin, dich anflehe (*wörtl.* dir flehend bin), nimm dich meiner (Liebes-) Glut an (*wörtl.* sorge dich um ...) und verachte Kirke nicht hart.“
(So) hatte sie gesprochen; jener aber weist sie selbst mit ihren (*wörtl.* und ihre) Bitten trotzig zurück und sagt: „Welche (Frau) auch immer du bist, ich bin nicht der Deine; eine andere hält mich gefangen und soll mich das für lange Zeit (d. h. gefangen halten), so flehe ich; (und) ich will nicht

durch einen Seitensprung den Ehebund verletzen, solange mir das Schicksal die Janustochter Canens erhält (*wörtl.* Fut. I).“ Nachdem die Titanentochter oft vergeblich ihre Bitten wiederholt hatte, sagte sie : „Du wirst nicht straflos ausgehen und du wirst der Canens nicht wiedergegeben werden (*freier:* Canens wird dich nicht wiederbekommen) und du wirst durch die Geschehnisse lernen, was eine Gekränkte, eine Liebende, eine Frau macht, aber die Liebende, die Verletzte, die Frau ist Kirke!“ (...) Dreimal berührte sie den jungen Mann mit dem Stab, drei Zaubersprüche sprach sie. Jener flieht, aber er wundert sich selbst, dass er schneller läuft als gewöhnlich; er sieht Flügel an seinem Körper und schlägt empört, dass er plötzlich als neuer Vogel in die Wälder Latiums fliegt, mit hartem Schnabel auf das wilde Holz und erzürnt hackt (*wörtl.* gibt) er Wunden in die langen Äste. Die Federn haben die purpurne Farbe seines Mantels angenommen und das Gold, das die Spange gewesen war, wird zu Flaum, (und) der Nacken wird von rötlichem Gold umgeben und dem Picus bleibt nichts Altes außer seinem Namen.

Übung 66 Text 9: Die Sibylle von Cumae (Met. XIV 129–153)

a) Respicit hunc vates et
„Nec dea sum“, dixit „nec sacri turis honore
humanum dignare caput,
lux aeterna mihi ... dabatur,
si mea virginitas Phoebo patuisset amanti.
Dum tamen hanc sperat, dum praecorrumpere donis
me cupit, ‚elige‘, ait ‚virgo Cumaea, quid optes:
Optatis potiere tuis.‘ Ego pulveris hausti
ostendens cumulum, quot haberet corpora pulvis,
tot mihi natales contingere vana rogavi;
excidit, ut peterem iuvenes quoque protinus annos.
Hos tamen ille mihi dabat aeternamque iuventam,
si Venerem paterer: contempto munere Phoebi
innuba permaneo; sed iam felicior aetas
terga dedit, tremuloque gradu venit aegra senectus,
quae patienda diu est. Nam iam mihi saecula septem
acta, tamen superest, numeros ut pulveris aequem,
ter centum messes, ter centum musta videre.

Tempus erit, cum de tanto me corpore parvam
longa dies faciet, consumptaque membra senecta
ad minimum redigentur onus:
... nec amata videbor
nec placuisse deo, Phoebus quoque forsitan ipse
vel non cognoscet vel dilexisse negabit: ...
voce tamen noscar; vocem mihi fata relinquent."

b) Respicit hunc vates et
„Nec dea sum", dixit „nec sacri turis honore
humanum dignare caput,
lux aeterna mihi ... dabatur,
si mea virginitas Phoebo patuisset amanti.
Dum tamen hanc sperat, dum praecorrumpere donis
me cupit, ‚elige', ait ‚virgo Cumaea, quid optes:
Optatis potiere tuis.' Ego pulveris hausti
ostendens cumulum, quot haberet corpora pulvis,
tot mihi natales contingere vana rogavi;
excidit, ut peterem iuvenes quoque protinus annos.
Hos tamen ille mihi dabat aeternamque iuventam,
si Venerem paterer: contempto munere Phoebi
innuba permaneo; sed iam felicior aetas
terga dedit, tremuloque gradu venit aegra senectus,
quae patienda diu est. Nam iam mihi saecula septem
acta, tamen superest, numeros ut pulveris aequem,
ter centum messes, ter centum musta videre.
Tempus erit, cum de tanto me corpore parvam
longa dies faciet, consumptaque membra senecta
ad minimum redigentur onus:
... nec amata videbor
nec placuisse deo, Phoebus quoque forsitan ipse
vel non cognoscet vel dilexisse negabit: ...
voce tamen noscar; vocem mihi fata relinquent."

c) Bei *dignare* handelt es sich um dem Imperativ Sg. des Deponens *dignari; optatis* (Abl. Pl./Nom. Pl.: *optata*) ist ein substantiviertes Partizip („das Gewünschte"); bei *mihi* liegt ein Dativus auctoris vor (wie Sie ihn v. a. von Gerundivkonstruktionen her kennen); bei *senecta* handelt es sich um Ablativ Sg., während die beiden anderen auf -a endenden Formen *consumpta membra* – wie aus der Kenntnis der Lernform *membrum* und der metrischen Analyse ersichtlich ist – Nominativ oder Akkusativ Plural sein müssen. Bei der Konstruktion in V. 149 f. handelt es sich um einen NcI. Von *videbor* hängt dabei einmal ein Inf. Perfekt Passiv ab (wobei *esse* entfallen ist), einmal ein Inf. Perfekt Aktiv.

d) Die Seherin blickte (*wörtl.* blickt) zu diesem zurück und sagte: „Weder bin ich eine Göttin noch würdige du ein menschliches Haupt der Ehre des heiligen Weihrauchs. Ewiges Licht wäre mir geboten worden, wenn meine Jungfräulichkeit dem liebenden Phoebus zur Verfügung gestanden hätte. Während er diese gleichwohl erhoffte, während er mich mit Geschenken bestechen wollte, sagte er: ‚Wähle aus, cumäische Jungfrau, was du wünschst, du wirst das von dir Gewünschte erlangen!' Indem ich auf einen Haufen von Staub zeigte, den ich gesammelt hatte, bat ich Verblendete, es sollten mir so viele Geburtstage zuteil werden, wie der Staub Teilchen (*freier:* Körner) habe; doch ich vergaß (*wörtl.* mir entging), damit verbunden auch (lauter) Jugendjahre zu erbitten. Diese wollte jener mir dennoch geben und ewige Jugend, wenn ich seine Liebe zuließe: Ich verachtete (jedoch) das Geschenk des Phoebus und bleibe unvermählt; aber schon hat das glücklichere Alter mir den Rücken gekehrt und das kränkliche Greisenalter kommt zitternden Schrittes, das ich (nun) lange ertragen muss. Denn schon habe ich sieben Jahrhunderte verbracht *(wörtl. Passiv);* übrig bleibt mir dennoch, um die Zahl der Staubkörner zu erreichen, (noch) drei-(mal) hundert Ernten, (und) drei-(mal) hundert Weinlesen zu sehen. Es wird die Zeit kommen, in der die lange Frist mich aus einem so großen Körper zu einer Kleinen machen wird (und) die vom Alter verbrauchten Glieder auf ein ganz kleines Gewicht zurückgeführt werden. Ich werde nicht (mehr) so erscheinen, als sei ich geliebt worden oder hätte ich einem Gott gefallen. Auch Phoebus selbst wird mich vielleicht nicht (mehr) wiedererkennen oder wird leugnen, mich geliebt zu haben. An der Stimme werde ich dennoch erkannt werden, die Stimme wird mir das Schicksal (übrig) lassen!"

bung 67 **Text 10: Atlas (Met. IV 631–662 m. Auslass.)**

a) Hic hominum cunctos ingenti corpore praestans
… Atlas fuit: ultima tellus
rege sub hoc et pontus erat …
„Hospes“ ait Perseus illi, „seu gloria tangit
te generis magni, generis mihi Iuppiter auctor;
sive es mirator rerum, mirabere nostras;
hospitium requiemque peto.“ Memor ille vetustae
sortis erat; Themis hanc dederat … sortem:
„Tempus, Atlas, veniet, tua quo spoliabitur auro
arbor, et hunc praedae titulum Iove natus habebit.“
Id metuens solidis pomaria clauserat Atlas
moenibus et vasto dederat servanda draconi
arcebatque suis externos finibus omnes.
Huic quoque „vade procul, ne longe gloria rerum,
quam mentiris“ ait, „longe tibi Iuppiter absit!“
Vimque minis addit manibusque expellere temptat
cunctantem …
Viribus inferior (quis enim par esset Atlantis
viribus?) „at quoniam parvi tibi gratia nostra est,
accipe munus!“ ait … Medusae
ipse retro versus squalentia protulit ora.
… Mons factus Atlas: nam barba comaeque
in silvas abeunt, iuga sunt umerique manusque,
quod caput ante fuit, summo est in monte cacumen,
ossa lapis fiunt; tum …
crevit in inmensum (sic, di, statuistis) et omne
cum tot sideribus caelum requievit in illo.

b)
- In *servanda* liegt ein Gerundivum vor, das in Verbindung mit einer Form von *dare* einen Zweck ausdrückt.
- Sie steht für *miraberis*.
- Entfallen ist *est*.

c) Hier war Atlas, der alle Menschen an seiner (gewaltigen) Körpergröße überragte. Das äußerste Land (*freier:* Der Rand der Welt) und das Meer unterstanden seiner Herrschaft (*wörtl.* waren unter diesem König). „Fremdling", sagte Perseus zu jenem, „sei es, dass dich der Ruhm eines großen Geschlechtes beeindruckt, Jupiter ist mein (*wörtl.* für mich) Stammvater; sei es, dass du ein Bewunderer von Taten bist, (dann) wirst du meine bewundern; ich bitte um Gastfreundschaft und Ruhe (*zu erg.* für die Nacht)." Jener dachte an einen alten Schicksalsspruch; Themis hatte diesen Schicksalsspruch gegeben (*freier:* ausgesprochen): „Es wird die Zeit kommen, Atlas, zu der dein Baum seines Goldes beraubt (werden) wird, und ein Sohn Jupiters wird sich dieser Beute rühmen (*wörtl.* diese Ehre der Beute haben)." Aus Furcht davor hatte Atlas den Obstgarten mit starken Mauern umschlossen und einem gewaltigen Drachen zur Bewachung übergeben und er hielt alle Fremden von seinem Gebiet fern. Auch zu diesem sagte er (also nun): „Geh weit weg, damit dir der Ruhm deiner Taten, den du erlügst, (und) damit dir Jupiter nicht fern ist!" Und er fügt seinen Drohungen Gewalt hinzu und versucht, den Zögernden mit den Händen zu vertreiben. Der an Kräften Schwächere (wer wäre nämlich den Kräften des Atlas gewachsen?) sagte: „Aber weil dir ja unsere Freundschaft wenig wert ist, (so) empfange (doch) ein Geschenk!", und holte, selbst rückwärts gewandt, das starrende Haupt der Medusa hervor. Atlas wurde zum Berg: Sein Bart und sein Haar werden nämlich zu Wäldern, seine Schultern und Hände werden zu Bergrücken, was vorher das Haupt war, ist jetzt der Gipfel, ganz oben auf dem Berg. Die Knochen werden zu Stein; dann wuchs er ins Unermessliche (so habt ihr Götter es beschlossen) und der Himmel mit seinen so vielen Sternen ruhte ganz auf ihm (jenem).

Notizen

Notizen

Ihre Meinung ist uns wichtig!

Ihre Anregungen sind uns immer willkommen. Bitte informieren Sie uns mit diesem Schein über Ihre Verbesserungsvorschläge!

Titel-Nr.	Seite	Vorschlag

Lernen • Wissen • Zukunft

STARK

Bitte hier abtrennen

Zutreffendes bitte ankreuzen!

Die Absenderin/der Absender ist:

- ☐ Lehrer/in in den Klassenstufen: ____
- ☐ Fachbetreuer/in
  Fächer: ____
- ☐ Seminarlehrer/in
  Fächer: ____
- ☐ Regierungsfachberater/in
  Fächer: ____
- ☐ Oberstufenbetreuer/in
- ☐ Schulleiter/in
- ☐ Referendar/in, Termin 2. Staatsexamen: ____
- ☐ Leiter/in Lehrerbibliothek
- ☐ Leiter/in Schülerbibliothek
- ☐ Sekretariat
- ☐ Eltern
- ☐ Schüler/in, Klasse: ____
- ☐ Sonstiges: ____

Unterrichtsfächer: (Bei Lehrkräften!)

____

STARK Verlag
Postfach 1852
85318 Freising

21-V1T_GW
Bitte ausfüllen und im frankierten Umschlag an uns einsenden. Für Fensterkuverts geeignet.

Kennen Sie Ihre Kundennummer? Bitte hier eintragen.

Absender (Bitte in Druckbuchstaben!)

Name/Vorname

Straße/Nr.

PLZ/Ort/Ortsteil

Telefon privat

Geburtsjahr

E-Mail

Schule/Schulstempel (Bitte immer angeben!)

Bitte hier abtrennen

Sicher durch das Abitur!

Effektive Abitur-Vorbereitung für Schülerinnen und Schüler:
Klare Fakten, systematische Methoden, prägnante Beispiele sowie Übungsaufgaben auf Abiturniveau mit erklärenden Lösungen zur Selbstkontrolle.

Deutsch

Dramen analysieren und interpretieren	Best.-Nr. 944092
Erörtern und Sachtexte analysieren	Best.-Nr. 944094
Gedichte analysieren und interpretieren	Best.-Nr. 944091
Epische Texte analysieren und interpretieren	Best.-Nr. 944093
Abitur-Wissen Erörtern und Sachtexte analysieren	Best.-Nr. 944064
Abitur-Wissen Textinterpretation Lyrik · Drama · Epik	Best.-Nr. 944061
Abitur-Wissen Deutsche Literaturgeschichte	Best.-Nr. 94405
Abitur-Wissen Prüfungswissen Oberstufe	Best.-Nr. 94400
Kompakt-Wissen Rechtschreibung	Best.-Nr. 944065

Englisch

Übersetzung	Best.-Nr. 82454
Grammatikübung	Best.-Nr. 82452
Themenwortschatz	Best.-Nr. 82451
Grundlagen, Arbeitstechniken, Methoden mit Audio-CD	Best.-Nr. 944601
Sprachmittlung	Best.-Nr. 94469
Sprechfertigkeit mit Audio-CD	Best.-Nr. 94467
Klausuren Englisch Oberstufe	Best.-Nr. 905113
Abitur-Wissen Landeskunde Großbritannien	Best.-Nr. 94461
Abitur-Wissen Landeskunde USA	Best.-Nr. 94463
Abitur-Wissen Englische Literaturgeschichte	Best.-Nr. 94465
Kompakt-Wissen Abitur Themenwortschatz	Best.-Nr. 90462
Kompakt-Wissen Abitur Landeskunde/Literatur	Best.-Nr. 90463
Kompakt-Wissen Kurzgrammatik	Best.-Nr. 90461
Kompakt-Wissen Grundwortschatz	Best.-Nr. 90464

Französisch

Sprachmittlung · Übersetzung	Best.-Nr. 94512
Landeskunde Frankreich	Best.-Nr. 94501
Themenwortschatz	Best.-Nr. 94503
Textarbeit Oberstufe	Best.-Nr. 94504
Klausuren Französisch Oberstufe mit MP3-CD	Best.-Nr. 105011
Abitur-Wissen Französische Literaturgeschichte	Best.-Nr. 94506
Kompakt-Wissen Abitur Themenwortschatz	Best.-Nr. 945010
Kompakt-Wissen Kurzgrammatik	Best.-Nr. 945011

Latein

Abitur-Wissen Lateinische Literaturgeschichte	Best.-Nr. 94602
Abitur-Wissen Römische Philosophie	Best.-Nr. 94604
Abitur-Wissen Prüfungswissen Latinum	Best.-Nr. 94608
Klausuren Latein Oberstufe	Best.-Nr. 106011
Kompakt-Wissen Kurzgrammatik	Best.-Nr. 906011

Natürlich führen wir noch mehr Titel für alle Fächer und Stufen: Alle Informationen unter
www.stark-verlag.de

Erdkunde/Geographie

Erdkunde – Atmosphäre · Relief- und Hydrosphäre · Wirtschaftsprozesse und -strukturen · Verstädterung	Best.-Nr. 94909
Geographie 1 – Bayern	Best.-Nr. 94911
Geographie 2 – Bayern	Best.-Nr. 94912
Geographie – Baden-Württemberg	Best.-Nr. 84904
Erdkunde – NRW	Best.-Nr. 54902
Abitur-Wissen Entwicklungsländer	Best.-Nr. 94902
Abitur-Wissen Die USA	Best.-Nr. 94903
Abitur-Wissen Europa	Best.-Nr. 94905
Abitur-Wissen Der asiatisch-pazifische Raum	Best.-Nr. 94906
Abitur-Wissen GUS-Staaten/Russland	Best.-Nr. 94908
Kompakt-Wissen Abitur Erdkunde Allgemeine Geografie · Regionale Geografie	Best.-Nr. 949010
Kompakt-Wissen Abitur – Bayern Geographie Q11/Q12	Best.-Nr. 9490108
Lexikon Erdkunde	Best.-Nr. 94904

Politik

Abitur-Wissen Demokratie	Best.-Nr. 94803
Abitur-Wissen Sozialpolitik	Best.-Nr. 94804
Abitur-Wissen Die Europäische Einigung	Best.-Nr. 94805
Abitur-Wissen Politische Theorie	Best.-Nr. 94806
Abitur-Wissen Internationale Beziehungen	Best.-Nr. 94807
Kompakt-Wissen Abitur Grundlagen der nationalen und internationalen Politik	Best.-Nr. 948001
Kompakt-Wissen Abitur Grundbegriffe Politik	Best.-Nr. 948002

(Bitte blättern Sie um)

Geschichte

Geschichte 1 – Deutschland vom 19. Jahrhundert bis zum Ende des Nationalsozialismus .... Best.-Nr. 84763
Geschichte 2 – Deutschland seit 1945 · Europäische Einigung · Weltpolitik der Gegenwart .... Best.-Nr. 84764
Geschichte 1 – Bayern, Gesellschaft im Wandel (15.–19. Jh.) · Demokratie und Diktatur – Probleme der deutschen Geschichte im 20. Jh. .... Best.-Nr. 947818
Geschichte 2 – Bayern, Historische Komponenten europäischer Kultur und Gesellschaft · Konfliktregionen und Akteure internationaler Politik in historischer Perspektive ...... Best.-Nr. 947828
Geschichte 1 – Baden-Württemberg, Die demokratische und nationale Bewegung in der Auseinandersetzung mit dem Obrigkeitsstaat · Die Entwicklung der politischen Kultur im Kaiserreich und in der Weimarer Republik ..... Best.-Nr. 84760
Geschichte 2 – Baden-Württemberg Deutschland seit 1945 · Die bipolare Welt .... Best.-Nr. 84762
Geschichte 1 – NRW, Vom 19. Jahrhundert bis zum Ende des Nationalsozialismus .... Best.-Nr. 54761
Geschichte 2 – NRW, Deutschland und Europa nach dem Zweiten Weltkrieg .... Best.-Nr. 54762
Grundlagen, Arbeitstechniken und Methoden – Geschichte .... Best.-Nr. 94789
Abitur-Wissen Die Antike .... Best.-Nr. 94783
Abitur-Wissen Das Mittelalter .... Best.-Nr. 94788
Abitur-Wissen Französische Revolution .... Best.-Nr. 947812
Abitur-Wissen Die Ära Bismarck: Entstehung und Entwicklung des deutschen Nationalstaats .... Best.-Nr. 94784
Abitur-Wissen Imperialismus und Erster Weltkrieg .... Best.-Nr. 94785
Abitur-Wissen Die Weimarer Republik .... Best.-Nr. 47815
Abitur-Wissen Nationalsozialismus und Zweiter Weltkrieg .... Best.-Nr. 94786
Abitur-Wissen Deutschland von 1945 bis zur Gegenwart .... Best.-Nr. 947811
Abitur-Wissen USA .... Best.-Nr. 947813
Abitur-Wissen Naher Osten .... Best.-Nr. 947814
Kompakt-Wissen Abitur Geschichte Oberstufe ..... Best.-Nr. 947601
Lexikon Geschichte .... Best.-Nr. 94787

Wirtschaft/Recht

Wirtschaft – Wirtschaftliches Handeln im Sektor Unternehmen · Wirtschaftliches Handeln im Sektor Ausland .... Best.-Nr. 84852
Betriebswirtschaft .... Best.-Nr. 94851
Wirtschaft – Bayern .... Best.-Nr. 94852
Abitur-Wissen Volkswirtschaft .... Best.-Nr. 94881
Abitur-Wissen Rechtslehre .... Best.-Nr. 94882
Kompakt-Wissen Abitur Volkswirtschaft .... Best.-Nr. 948501
Kompakt-Wissen Abitur Betriebswirtschaft .... Best.-Nr. 924801
Kompakt-Wissen Rechnungswesen mit Bilanzanalyse .... Best.-Nr. 924802

Kunst

Abitur-Wissen Malerei · Plastik · Architektur .... Best.-Nr. 949618
Abitur-Wissen Analyse und Interpretation .... Best.-Nr. 94962
Kompakt-Wissen Abitur Kunst .... Best.-Nr. 949601

Natürlich führen wir noch mehr Titel für alle Fächer und Stufen: Alle Informationen unter
www.stark-verlag.de

Ethik

Ethische Positionen in historischer Entwicklung ... Best.-Nr. 94951
Abitur-Wissen Philosophische Ethik .... Best.-Nr. 94952
Abitur-Wissen Glück und Sinnerfüllung .... Best.-Nr. 94953
Abitur-Wissen Freiheit und Determination .... Best.-Nr. 94954
Abitur-Wissen Recht und Gerechtigkeit .... Best.-Nr. 94955
Abitur-Wissen Religion und Weltanschauungen ... Best.-Nr. 94956
Abitur-Wissen Wissenschaft · Technik · Verantwortung .... Best.-Nr. 94957

Religion

Katholische Religion 1 .... Best.-Nr. 84991
Katholische Religion 2 .... Best.-Nr. 84992
Abitur-Wissen – ev. Religion Der Mensch zwischen Gott und Welt .... Best.-Nr. 94973
Abitur-Wissen Glaube und Naturwissenschaft ...... Best.-Nr. 94977
Abitur-Wissen Jesus Christus .... Best.-Nr. 94978
Abitur-Wissen Die Frage nach dem Menschen ...... Best.-Nr. 94990
Abitur-Wissen Die Bibel .... Best.-Nr. 94992
Abitur-Wissen Christliche Ethik .... Best.-Nr. 94993

Erziehungswissenschaft

Erziehungswissenschaft NRW GK/LK .... Best.-Nr. 54941
Erziehungswissenschaft .... Best.-Nr. 94941

Pädagogik/Psychologie

Grundwissen Pädagogik .... Best.-Nr. 92480
Grundwissen Psychologie .... Best.-Nr. 92481

Sport

Bewegungslehre · Sportpsychologie .... Best.-Nr. 94981
Trainingslehre .... Best.-Nr. 94982

Bestellungen bitte direkt an:
STARK Verlagsgesellschaft mbH & Co. KG · Postfach 1852 · 85318 Freising
Tel. 0180 3 179000* · Fax 0180 3 179001* · www.stark-verlag.de · info@stark-verlag.de
*9 Cent pro Min. aus dem deutschen Festnetz, Mobilfunk bis 42 Cent pro Min.
Aus dem Mobilfunknetz wählen Sie die Festnetznummer: 08167 9573-0

Lernen • Wissen • Zukunft
STARK

21-V1T_GW